新・保育と表現
— 理論と実践をつなぐために —

石上 浩美 編著

藤崎 亜由子・小松 正史・吉永 早苗・池永 真義
手良村 昭子・吉井 英博・矢野 正・澤田 真弓
渕田 陽子・宮前 桂子・長尾 牧子・井本 英子
田邉 織恵・安永 早絵子・城村 奈都子
畑 儀文・秋山 直義 共著

嵯峨野書院

は じ め に

　幼児教育の目的は，「義務教育及びその後の教育の基礎を培うものとして，幼児を保育し，幼児の健やかな成長のために適当な環境を与えて，その心身の発達を助長すること（学校教育法第22条）」である。これは，近・現代教育における保育の理念であり，その基準となるのが，幼稚園教育要領・保育所保育指針である。2017年3月改訂幼稚園教育要領では，個々の子どもの発達特性に応じた「環境を通して行う教育」を基本としつつ，「幼児期の終わりまでに育ってほしい姿」が10点，新たに明記された。これは，幼児教育課程と初等教育課程の円滑な接続を意図したものである。保育内容領域「表現」のねらいは，2008年度改定版と同様「感じたことや考えたことを自分なりに表現することを通して，豊かな感性や表現する力を養い，創造性を豊かにする。」ことである。ただし，「3. 内容の取扱い（1）」では，「豊かな感性は，身近な環境と十分に関わる中で美しいもの，優れたもの，心を動かす出来事などに出会い，（中略）様々に表現することなどを通して養われるようにすること。その際，風の音や雨の音，身近にある草や花の形や色など自然の中にある音，形，色などに気付くようにすること。」とある。また，「3. 内容の取扱い（3）」では，「生活経験や発達に応じ，（中略）遊具や用具などを整えたり，様々な素材や表現の仕方に親しんだり，他の幼児の表現に触れられるように配慮したり」とある。

　一方，子どもを取りまく環境や生活，とりわけ遊びの中には，様々な音や色，形，手触り，動きなどがある。これらに自ら気づき，触れ，楽しむ体験を積み重ねることによって，豊かな情操と創造性，知的好奇や探究心が育まれる。「表現」は，子どもの知覚・感覚や認知に根差した感情やイメージ，思考の発露であり，それが音・形・色などをともなった作品となる。そして，自他の作品についてより深く理解・説明するためには，言葉を用いた他者とのやりとりも必要となる。このようなプロセスを経て，子どもには自己肯定感や自尊感情も育まれ，「表現」の世界は無限大に広がる可能性を秘めている。

　では，このような「表現」が自発的にできる子どもをどのように育めばよいのだろうか。この問いを明らかにするために，本書では，次の2つのねらいを示す。ひとつは，「表現」の背景にある，ひとの発達・学習・評価に関する基礎理論を整理し，「表現」の本質をとらえ直すことである。もうひとつは，保育者・教員，親や養育者など，子どもとかかわる大人のための「読み物」とすることである。子どもの「表現」には，言葉だけでは言い表せない感覚や非言語的なものがあり，その中には，子ども特有の発想や面白さがある。これらは，若い子育て世代

の親を中心とした，すべての大人にも知ってほしい子どもの本質であり，子どもとともに「表現」の世界を楽しんでほしいと願う。そこで本書は，第1部理論編（第1章から第6章まで）と，第2部実践編（第7章から第13章）の2部構成とし，以下のテーマで編集した。

　第1章では，今回の改定における保育内容領域「表現」のねらいを整理・明瞭化した。第2章では，子どもの「表現」に多大なる影響をおよぼす発達に関する理論を整理した。第3章ではサウンドスケープ，第4章では音感受教育，第5章では美術教育，第6章では「表現」の指導計画と評価について，具体的に示した。また，第7章から第11章では，保育・教育の現場における「表現」事例を多数示した。さらに，第12章では，質の高い音楽「表現」を提供するための，プロの音楽家による「表現」上の工夫や意図について紹介した。最後に第13章では，再度保育・教育における現状と課題を整理し，次世代の子どもに育むべき「表現」のあり方についての提言を行った。

　本書が保育・教育に携わる多くの方々や，子育て中のみなさまの手元に届くことによって，子どものより健やかな成長・発達と心地よい「表現」につながることを，心から願っている。

　2019年4月

　　　　　　　　　　　　　　　　　　　　　　　編著者　石　上　浩　美

● 目　　次 ●

はじめに………………………………………………………………………………… i

第 I 部　理　論　編

第1章　保育・教育の原理と保育内容領域「表現」……………………………3

1 保育・教育の基本原理……………………………………………………… 3

（1）　保育と教育の異同　　3

（2）　保育・教育における人間観　　4

2 幼児期の教育課程と保育・教育内容……………………………………… 5

（1）　幼稚園教育要領（平成 29 年 3 月改訂）　　5

（2）　保育所保育指針（平成 29 年 3 月改定）　　7

（3）　幼保連携型認定こども園教育・保育要領（平成 29 年 3 月改訂）　　7

3 保育内容領域「表現」のねらいと内容 ………………………………… 8

ま　と　め…………………………………………………………………………10

第2章　子どもの発達と保育内容「表現」………………………………………11

1 乳幼児期の発達と「表現」………………………………………………11

（1）　身 体 的 発 達　　12

（2）　認 知 発 達　　16

（3）　社会性とことばの発達　　19

2 児童期から青年期の発達と「表現」……………………………………22

（1）　身 体 的 発 達　　22

（2）　認 知 発 達　　23

（3）　社会性と自我の発達　　24

3 さいごに：身近なものに触れることによる発達………………………25

ま　と　め…………………………………………………………………………28

iii

第3章　サウンドスケープと音育のひろがり ················· **29**

　1　サウンドスケープとサウンドスケーピング ················· 29

　2　サウンドスケーピング①「音育」··············· 30

　3　サウンドスケーピング②「音学」··············· 31

　4　サウンドスケーピング③「音創」··············· 32

　5　子どもの感性を磨く「音育」··············· 33

　6　保育園における音育の現場事例 ··············· 34

　　　（1）　方法の概要　34

　　　（2）　方法の詳細　34

　　　（3）　各回の進行状況　35

　　　（4）　保育士の感想　35

　7　ま　と　め ··············· 36

　　ま　と　め ··············· 38

第4章　音感受教育と「表現」 ··············· **39**

　1　音感受教育とは ··············· 39

　　　（1）　子どもの音感受の世界　39

　　　（2）　音感受教育　40

　2　音・音環境を活かした保育 ··············· 42

　　　（1）　音感受教育としての音環境　42

　　　（2）　音・音環境を活かした保育の視点　42

　3　音感受教育の実際 ··············· 44

　　　（1）　音の正体を考える（仁慈保幼園）　44

　　　（2）　この色は，なんの音？（仁慈保幼園）　45

　　　（3）　音感受の育ちと保育者の役割　45

　　ま　と　め ··············· 47

第5章　美術教育と「表現」 ··············· **48**

　1　美術教育と想像力 ··············· 48

　　　（1）　"ヒトの表現" には何が必要か　48

（2）　子どもの想像力と大人の想像力　49

2 図画工作科「造形遊び」との関連……………………………………………50

（1）　図画工作科の学習内容「造形遊び」　50

（2）　「造形遊び」の特徴　51

3 保育で実践する「鑑賞と表現の一体化」…………………………………54

（1）　幼児造形における鑑賞教育の意義　54

（2）　「鑑賞と表現の一体化」の事例　55

ま　と　め…………………………………………………………………………58

第6章　保育内容領域「表現」の指導計画と評価………………………59

1 保育の指導計画と保育内容領域「表現」…………………………………59

（1）　指導計画作成のポイント　59

（2）　指導計画作成の手順　60

（3）　観察とドキュメンテーション　60

（4）　領域「表現」における指導計画作成　62

2 保育の環境構成と保育内容「表現」………………………………………62

（1）　戸　外　環　境　63

（2）　室　内　環　境　64

3 保育の評価と保育内容領域「表現」………………………………………64

（1）　子どもの目線に立った評価　65

（2）　保育者自身の指導評価　65

（3）　子どもの未来を考える評価　66

ま　と　め…………………………………………………………………………67

第Ⅱ部　実　践　編

第7章　身体・体育教育と「表現」……………………………………………71

1 身体表現・体育教育とは……………………………………………………71

（1）　身体表現・体育教育とはなにか　71

（2）　小学校における表現運動　71

v

2 身体・体育教育を活かした保育指導‥‥‥‥‥‥‥‥‥‥‥‥‥‥‥‥‥73

（1） 子どもの身体発達　73

（2） 模　倣　と　表　現　73

（3） 身体表現の活動　74

3 表現教育・体育・スポーツのすすめ‥‥‥‥‥‥‥‥‥‥‥‥‥‥‥‥75

（1） 複合領域の視点から「表現」活動を捉える　75

（2） 「表現」の指導上の留意点　77

ま　と　め‥‥‥‥‥‥‥‥‥‥‥‥‥‥‥‥‥‥‥‥‥‥‥‥‥‥‥‥‥‥80

第8章　「表現」の指導事例（1）―保育所の場合‥‥‥‥‥‥‥‥‥‥‥‥‥81

1 0歳児から1歳児の場合―感覚の働きを豊かにする‥‥‥‥‥‥‥‥‥81

（1） 豊かな感情体験①―散歩活動　82

（2） 豊かな感情体験②―さまざまな感触を味わい感性を刺激する　83

2 2歳児の場合―興味をもって取り組み，安心して自己表出する‥‥‥84

3 3歳から4歳児の場合―自分の思いを形にする‥‥‥‥‥‥‥‥‥‥‥85

4 5歳から6歳児の場合―劇遊びをつくる‥‥‥‥‥‥‥‥‥‥‥‥‥‥87

ま　と　め‥‥‥‥‥‥‥‥‥‥‥‥‥‥‥‥‥‥‥‥‥‥‥‥‥‥‥‥‥‥90

第9章　「表現」の指導事例（2）―幼稚園の場合‥‥‥‥‥‥‥‥‥‥‥‥‥91

1 子どもが充実感を味わえる保育‥‥‥‥‥‥‥‥‥‥‥‥‥‥‥‥‥‥91

2 子どもの表現と保育者のありかた‥‥‥‥‥‥‥‥‥‥‥‥‥‥‥‥‥92

（1） 3歳児クラスにみられる子どもの表現　92

（2） 4歳児クラスにみられる子どもの表現　94

（3） 5歳児クラスの場合　97

3 保育実践上の留意点‥‥‥‥‥‥‥‥‥‥‥‥‥‥‥‥‥‥‥‥‥‥‥98

（1） 音楽づくり（歌・替え歌）　98

（2） 年齢にみる援助の違い　100

4 子どもの豊かな感性を育むには‥‥‥‥‥‥‥‥‥‥‥‥‥‥‥‥‥‥101

ま　と　め‥‥‥‥‥‥‥‥‥‥‥‥‥‥‥‥‥‥‥‥‥‥‥‥‥‥‥‥‥103

第10章 「表現」の指導事例（3）—小学校の場合 ························· 104

1 算数科の場合 ···104

（1） 表現する力の育成　104

（2） 算数科における表現　104

2 特別の教科道徳の場合 ···107

（1） 特別の教科道徳の誕生と評価　107

（2） 特別の教科道徳における表現　108

3 教育計画実践指導上の留意点 ·····································110

（1） 「伝え合う」力の育成　110

（2） 「表現」する力の育成　110

ま　と　め ···112

第11章 生活の中にある造形的「表現」 ···························· 113

1 生活の中にある色と形・風景の世界 ·································113

（1） 子どもの「気づき」や「表現すること」に対して大人がつく
る環境　114

（2） 遊びから始まる素材との関わり　114

2 造形活動の現場から ···115

（1） 絵の具を使った活動の提案　116

（2） 泡遊びからの展開　116

3 子どもの力で「学び」を向上させていく ·····························118

（1） 「やってはダメ！」を，「やってみよう！」に変換すること　118

（2） 子どもが夢中になれる環境づくり　119

（3） 固定観念を取り払う（「顔」を描くこと）　120

ま　と　め ···123

第12章 プロの音楽家による複合的「表現」と保育・教育・地域づくり···· 124

1 作曲における「表現」の世界 ·······································124

（1） 「絵本オペラ」の役割　124

（2） 「絵本オペラ　ともだちや」の音楽の役割　124

vii

（3） 歌唱と伴奏　126

　2　歌唱による「表現」の世界‥‥‥‥‥‥‥‥‥‥‥‥‥‥‥‥‥‥‥126
（1） 子どもをひきつけるために　126
（2） 「絵本オペラ　ともだちや」の歌唱における表現　127

　3　打楽器による「表現」の世界‥‥‥‥‥‥‥‥‥‥‥‥‥‥‥‥‥‥131
（1） 音　選　び　131
（2） 音を奏でる　132
（3） 最　後　に　133

　4　ピアノによる「表現」の世界‥‥‥‥‥‥‥‥‥‥‥‥‥‥‥‥‥‥133
（1） 楽器としての表現の可能性　134
（2） 楽譜に書かれたことから読み解く表現の可能性　135

　ま　と　め‥‥‥‥‥‥‥‥‥‥‥‥‥‥‥‥‥‥‥‥‥‥‥‥‥‥‥‥138

第13章　拡張する「表現」の世界と保育・教育の現状と課題―理論と実践をつなぐために 139

　1　家庭・地域の子育て支援における現状と課題‥‥‥‥‥‥‥‥‥‥‥139
（1） 法令上の規定による子ども観　139
（2） 家庭環境と児童虐待　140
（3） ICT 化による家庭・育児環境の変化　142

　2　幼稚園・保育所・幼保連携型認定こども園における現状と課題‥142
（1） 平成 29 年 3 月幼稚園教育要領等の改訂　142
（2） 特別な保育・教育的ニーズを持つ子どもと保護者・家庭支
援　143

　3　拡張し続ける「表現」の世界‥‥‥‥‥‥‥‥‥‥‥‥‥‥‥‥‥‥145

　ま　と　め‥‥‥‥‥‥‥‥‥‥‥‥‥‥‥‥‥‥‥‥‥‥‥‥‥‥‥‥150

お わ り に‥‥‥‥‥‥‥‥‥‥‥‥‥‥‥‥‥‥‥‥‥‥‥‥‥‥‥‥‥‥‥‥‥‥‥‥151
心地よい「音楽表現」の世界を育むために　151
園長先生のつぶやき　152

重 要 語 句 集‥‥‥‥‥‥‥‥‥‥‥‥‥‥‥‥‥‥‥‥‥‥‥‥‥‥‥‥‥‥‥‥‥‥‥154

章イラスト　なかのまいこ

第Ⅰ部　理論編

第1章

保育・教育の原理と保育内容領域「表現」

子どもは，生まれながらに，「**善さ**（善く生きようとする資質）」を持っ 善さ
ているという。そして，保育・教育とは，子どもの持つ「善さ」を信じ，
それを発見し，育むための営みであるといえるだろう。また，子どもの
表現を，「善さ」の発信としてとらえるならば，子どもと関わるすべて
の大人の役割は，そのありのままの姿を受けとめ，共感することではな
いだろうか。そこで本章では，まず保育・教育の基本原理を整理し，平
成 29 年保育所保育指針改定，幼稚園教育要領改訂における，保育内容
領域「表現」のねらいと内容，小学校学習指導要領における表現の取り
扱いについて整理する。そして，子どもの「表現」とはどのようなもの
なのか，ということについて考えてみたい。

1 保育・教育の基本原理

（1） 保育と教育の異同

保育（childcare）とは，子どもが適切な環境の下で，健康・安全で安
定感を持って活動できるように大人が養護するとともに，その心身を健
全に発達させるように働きかけることである。

一方，教育（education）とは，子どもにヒトとして生きていくために
必要とされる知識や技能を授けることである。また，子どもが生まれな
がらに持つ「善さ」を発見し，子どもを「より善くしよう」という想い
で育もうとする大人側の教育観に基づく行為であり，村井実（1988）[1]は
以下 4 点に整理している。

3

> A：この子どもたちを善くしたい。なぜなら，この子どもたちは，私たちが善くしてやらないかぎり，そのままではもともとダメなほうに動くものだから。
> B：この子どもたちを善くしたい。なぜなら，この子どもたちは私たちが善くしてやらないかぎり，白紙のようなもので，善いもダメもわかるわけがないものだから。
> C：この子どもたちを善くしたい。なぜなら，この子どもたちは，もともと善くなる可能性をもっているものだから。
> D：この子どもたちを善くしたい。なぜなら，この子ども自身が，とにかく善くなろうとしているものだから。

　AからCは，いわば大人側からの論理であり，「あなたのために（大人である）私には，あなたを教育する必然性がある」と主張している。ただし，それは子どもがヒトとして未熟なもの，生まれながらに白紙であるという**J・ロック**的な子ども観（白紙説：タブラ・ラサ）によるものである。このような大人側からの一方的な価値観によって知識を与えること（**知識注入主義**）そのものが教育である，という立場が，近現代の教育観のひとつである。

　一方，Dは村井の考え方である。この背景にあるのは，**ルソー**的な消極主義教育観であり，ヒトの成熟や発達と「善さ」について，独自のモデルで説明している。子どもは，生まれながらに「善さ」を持っているだけではなく，「善くなろう」としている存在であるという子ども観に基づいて，子どもを大切に育み，支援することが，すべての大人に求められている。

J・ロック

知識注入主義

ルソー

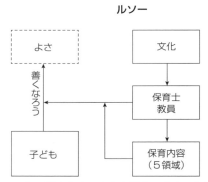

● 図1-1 ●　「善さ」をふまえた保育・教育のとらえ方
出典：村井実『村井実著作集5　新教育学のすすめ・子どもの再発見』小学館，1988年，p.156を基に著者作成

（2）保育・教育における人間観

　ポルトマン（Portmann）は，ヒトは他の哺乳類の子どもとは異なり，誕生から1歳頃までは親や周囲の大人に守られ，慈しまれながら生きている存在であることを示し，それを**生理的早産**とよんだ[2]。たとえば，生後間もない乳児は，自分の欲求（たとえばおなかがすいた，眠いなど）を泣くことによって発信（表現）する。一方，親や養育者は，乳児の欲

ポルトマン（Portmann）

生理的早産

求発信に対処するだけではなく，自ら乳児に能動的に働きかけることによって，わが子に対する情愛や特性理解が深化する。このような双方向のやりとりの積み重ねによって，子どもは自分が他者から大切にされているという基本的信頼感を獲得し，情愛的な信頼関係（**愛着：アタッチメント**）を形成することができるという。

愛着
アタッチメント

　保育士・教員の役割は，いま，ここにいる子どもの，ありのままの姿を受け入れ，子どもの持てる能力や特性を十分発揮させながら，必要に応じた手助けを行うことである。そのためには，「子どもは○○でなければならない」といった固定概念や主観的なバイアスにとらわれるのではなく，子どもをじっくりと観察し，目の前にいる子どもの「善さ」や表現を発見し，それを信じようとする姿勢を持つことが求められている。村井の言葉を借りるならば，ヒトは本来「善くなろうとする性質（善さ菌）」を持って生まれ，それを「善さ」に変えるために働きかけることが，子どもを取りまくすべての大人に課せられた役割であり使命である。子どもは未熟なヒトではなくひとりの子どもとして存在するもの，家庭をはじめ社会において大切に慈しまれ，さまざまな他者や集団，環境と触れ合い文化と出会うことによって，自ら独自の文化を創り出すことができるようになる。そのような子ども観を，保育・教育に携わる一人ひとりの大人が持たなければならないだろう。

❷ 幼児期の教育課程と保育・教育内容

　保育・教育の主目的は，子どもの「人格発達・形成」を目指すことであり，そのために「創意工夫を生かす」活動を保育・教育の場で推進することが求められている。また，幼児期の発達をふまえた教育課程を編成する基準として，幼稚園教育要領，保育所保育指針，幼保連携型認定こども園教育・保育要領がある。以下ではこれらの概要について述べる。

（1）　幼稚園教育要領（平成29年3月改訂）

　幼稚園は，**学校教育法第1条**に定められた教育機関として位置づけら

学校教育法第1条

第1章　保育・教育の原理と保育内容領域「表現」　5

● 表1-1 ● 　幼稚園教育において育みたい資質・能力

(1)	知識及び技能の基礎	豊かな体験を通じて，感じたり，気付いたり，分かったり，できるようになったりする。
(2)	思考力，判断力，表現力等の基礎	気付いたことや，できるようになったことなどを使い，考えたり，試したり，工夫したり，表現したりする。
(3)	学びに向かう力，人間性等	心情，意欲，態度が育つ中で，よりよい生活を営もうとする。

● 表1-2 ● 　幼児期の終わりまでに育ってほしい10の姿

(1)	健康な心と体	幼稚園生活の中で，充実感をもって自分のやりたいことに向かって心と体を十分に働かせ，見通しをもって行動し，自ら健康で安全な生活をつくり出すようになる。
(2)	自立心	身近な環境に主体的に関わり様々な活動を楽しむ中で，しなければならないことを自覚し，自分の力で行うために考えたり，工夫したりしながら，諦めずにやり遂げることで達成感を味わい，自信をもって行動するようになる。
(3)	協同性	友達と関わる中で，互いの思いや考えなどを共有し，共通の目的の実現に向けて，考えたり，工夫したり，協力したりし，充実感をもってやり遂げるようになる。
(4)	道徳性・規範意識の芽生え	友達と様々な体験を重ねる中で，してよいことや悪いことが分かり，自分の行動を振り返ったり，友達の気持ちに共感したりし，相手の立場に立って行動するようになる。また，きまりを守る必要性が分かり，自分の気持ちを調整し，友達と折り合いを付けながら，きまりをつくったり，守ったりするようになる。
(5)	社会生活との関わり	家族を大切にしようとする気持ちをもつとともに，地域の身近な人と触れ合う中で，人との様々な関わり方に気付き，相手の気持ちを考えて関わり，自分が役に立つ喜びを感じ，地域に親しみをもつようになる。また，幼稚園内外の様々な環境に関わる中で，遊びや生活に必要な情報を取り入れ，情報に基づき判断したり，情報を伝え合ったり，活用したりするなど，情報を役立てながら活動するようになるとともに，公共の施設を大切に利用するなどして，社会とのつながりなどを意識するようになる。
(6)	思考力の芽生え	身近な事象に積極的に関わる中で，物の性質や仕組みなどを感じ取ったり，気付いたりし，考えたり，予想したり，工夫したりするなど，多様な関わりを楽しむようになる。また，友達の様々な考えに触れる中で，自分と異なる考えがあることに気付き，自ら判断したり，考え直したりするなど，新しい考えを生み出す喜びを味わいながら，自分の考えをよりよいものにするようになる。
(7)	自然との関わり・生命尊重	自然に触れて感動する体験を通して，自然の変化などを感じ取り，好奇心や探究心をもって考え言葉などで表現しながら，身近な事象への関心が高まるとともに，自然への愛情や畏敬の念をもつようになる。また，身近な動植物に心を動かされる中で，生命の不思議さや尊さに気付き，身近な動植物への接し方を考え，命あるものとしていたわり，大切にする気持ちをもって関わるようになる。
(8)	数量や図形，標識や文字などへの関心・感覚	遊びや生活の中で，数量や図形，標識や文字などに親しむ体験を重ねたり，標識や文字の役割に気付いたりし，自らの必要感に基づきこれらを活用し，興味や関心，感覚をもつようになる。
(9)	言葉による伝え合い	先生や友達と心を通わせる中で，絵本や物語などに親しみながら，豊かな言葉や表現を身に付け，経験したことや考えたことなどを言葉で伝えたり，相手の話を注意して聞いたりし，言葉による伝え合いを楽しむようになる。
(10)	豊かな感性と表現	心を動かす出来事などに触れ感性を働かせる中で，様々な素材の特徴や表現の仕方などに気付き，感じたことや考えたことを自分で表現したり，友達同士で表現する過程を楽しんだりし，表現する喜びを味わい，意欲をもつようになる。

れている。**幼稚園教育要領**[3]第1章総則第1幼稚園教育の基本では，「幼
児期の教育は，生涯にわたる人格形成の基礎を培う重要なもの」であり，
「幼児期の特性を踏まえ，環境を通して行うものであることを基本」と
している。そのため，「幼児との信頼関係を十分に築き，幼児が身近な
環境に主体的に関わり，環境との関わり方や意味に気付き，これらを取

幼稚園教育要領

り込もうとして試行錯誤したり，考えたりするようになる幼児期の教育における見方・考え方を生かし，幼児と共によりよい教育環境を創造するように努める」ことが求められている。また，今回の改定では第1章第2**幼稚園教育において育みたい資質・能力及び「幼児期の終わりまでに育ってほしい姿」**では，次の3つの資質・能力および10項目のねらいが新たに方向目標として示された（表1-1, 1-2）。これらは，初等教育課程との内容的な接続も加味されている。

幼稚園教育において育みたい資質・能力及び「幼児期の終わりまでに育ってほしい姿」

（2）　保育所保育指針（平成29年3月改定）

　保育所は，保護者が働いている，介護，病気などの理由で「保育に欠ける」状態にある子どもを対象とした**児童福祉施設**である。保育所保育指針[4]第1章総則1保育所保育に関する基本原則では，「保育を必要とする子どもの保育を行い，その健全な心身の発達を図ることを目的」とし，「子どもの状況や発達過程を踏まえ，保育所における環境を通して，養護及び教育を一体的に行うことを特性」とした生活の場として，児童福祉法の規定に基づき，厚生労働省の所管において運営されている。ここでいう養護とは，「子どもの生命の保持及び情緒の安定を図るために保育士等が行う援助や関わり」を指し，保護者に代わり適切な保育を行う役割を担っている。

児童福祉施設

（3）　幼保連携型認定こども園教育・保育要領（平成29年3月改訂）

　幼保連携型認定こども園は，「就学前の子どもに関する教育，保育等の総合的な提供の推進に関する法律（認定こども園法）」の規定に基づき，文部科学省および厚生労働省の所管において運営されている。幼保連携型認定こども園教育・保育要領[5]第1章総則第1幼保連携型認定こども園における教育及び保育の基本及び目標等では，「乳幼児期全体を通して，その特性及び保護者や地域の実態を踏まえ，環境を通して行う」ことを基本とした幼保一体型施設と位置づけられ，保護者の就労などに関わらず，子どもの保育・教育を担っている。教育内容は，幼稚園とほぼ同様である。

3 保育内容領域「表現」のねらいと内容

　幼稚園教育要領および保育所保育指針における保育内容領域「表現」のねらいおよび内容をまとめると，表1-3のようになる。いずれにおいても，「自分なりに表現することを通して，豊かな感性や表現する力を養い，創造性を豊かにする」ことや，イメージを豊かに育み，表現そのものを楽しむことを目指している。

　子どもは，自由に表現する楽しさを体験するとともに，それがひとり遊びではなく，他の子どもや養育者，保育士・教師と共有できるものであることを，集団活動の中で自覚していく。そして，自分の属する集団における文化を学ぶ。このプロセスこそが，保育・教育の本質である。これからの保育・教育実践においては，子どもの持つ「よさ」に着目しながら，保育・教育の本質に基づいた計画を工夫する必要があるだろう。

　次章以下理論編では，子どもの発達，音楽・美術・身体表現についての基礎理論，および指導計画について概説する。

【引用・参考文献】

1）村井実『村井実著作集5　新教育学のすすめ・子どもの再発見』小学館，1988年，p.156
2）ポルトマン『人間はどこまで動物か―新しい人間像のために』高木正孝訳，岩波書店，1961年，pp.60-66
3）文部科学省『幼稚園教育要領』フレーベル館，2017年，pp.5-8；20-21
4）厚生労働省『保育所保育指針』フレーベル館，2017年，pp.4-7；29-30
5）内閣府・文部科学省・厚生労働省『幼保連携型認定こども園教育・保育要領』フレーベル館，2017年，pp.2-6

お薦めの参考図書

① 石上浩美編著『教育原理―保育・教育の現場をよりよくするために』嵯峨野書院，2018年
② カンチェーミ・ジュンコ，秋田喜代美編著『子どもたちからの贈りもの―レッジョ・エミリアの哲学に基づく保育実践』萌文書林，2018年
③ 浜口順子編集代表・無藤隆監修『新訂・事例で学ぶ保育内容〈領域〉表現』萌文書林，2018年
④ 鈴木みゆき・吉永早苗・志民一成・島田由紀子編著『保育内容表現（乳幼児教育・保育シリーズ）』光生館，2018年
⑤ 石上浩美・矢野正編著『教育心理学―保育・学校現場をよりよくするために』嵯峨野書院，2016年

● 表 1-3 ● 　幼稚園教育要領と保育所保育指針「表現」の内容比較（著者作成）

幼稚園教育要領（平成 29 年 3 月文部科学省告示第 62 号）	保育所保育指針（平成 29 年 3 月厚生労働省告示第 117 号）
第 2 章　ねらい及び内容	第 2 章　保育の内容
	3　3歳以上児の保育に関するねらい及び内容 (2)　ねらい及び内容
表現	オ　表現
感じたことや考えたことを自分なりに表現することを通して，豊かな感性や表現する力を養い，創造性を豊かにする。	感じたことや考えたことなどを自分なりに表現することを通して，豊かな感性や表現する力を養い，創造性を豊かにする。
1　ねらい (1) いろいろなものの美しさなどに対する豊かな感性を持つ。 (2) 感じたことや考えたことを自分なりに表現して楽しむ。 (3) 生活の中でイメージを豊かにし，様々な表現を楽しむ。	（ア）ねらい ①いろいろなものの美しさなどに対する豊かな感性を持つ。 ②感じたことや考えたことを自分なりに表現して楽しむ。 ③生活の中でイメージを豊かにし，様々な表現を楽しむ
2　内容 (1) 生活の中で様々な音，色，形，手触り，動きなどに気付いたり，感じたりなどして楽しむ。 (2) 生活の中で美しいものや心を動かす出来事に触れ，イメージを豊かにする。 (3) 様々な出来事の中で，感動したことを伝え合う楽しさを味わう。 (4) 感じたこと，考えたことなどを音や動きなどで表現したり，自由にかいたり，つくったりなどする。 (5) いろいろな素材に親しみ，工夫して遊ぶ。 (6) 音楽に親しみ，歌を歌ったり，簡単なリズム楽器を使ったりする楽しさを味わう。 (7) かいたり，つくったりすることを楽しみ，遊びに使ったり，飾ったりなどする。 (8) 自分のイメージを動きや言葉などで表現したり，演じて遊んだりするなどの楽しさを味わう。	（イ）内容 ①生活の中で様々な音，形，色，手触り，動きなどに気付いたり，感じたりするなどして楽しむ。 ②生活の中で美しいものや心を動かす出来事に触れ，イメージを豊かにする。 ③様々な出来事の中で，感動したことを伝え合う楽しさを味わう。 ④感じたこと，考えたことなどを音や動きなどで表現したり，自由にかいたり，つくったりなどする。 ⑤いろいろな素材に親しみ，工夫して遊ぶ。 ⑥音楽に親しみ，歌を歌ったり，簡単なリズム楽器を使ったりなどする楽しさを味わう。 ⑦かいたり，つくったりすることを楽しみ，遊びに使ったり，飾ったりなどする。 ⑧自分のイメージを動きや言葉などで表現したり，演じて遊んだりするなどの楽しさを味わう。
3　内容の取扱い (1) 豊かな感性は，身近な環境と十分にかかわる中で美しいもの，優れたもの，心を動かす出来事などに出会い，そこから得た感動を他の幼児や教師と共有し，様々に表現することなどを通し養われるようにすること。その際，風の音や雨の音，身近にある草や花形や色など自然の中にある音，形，色などに気付くようにすること。 (2) 幼児の自己表現は素朴な形で行われることが多いので，教師はそのような表現を受容し，幼児自身の表現しようとする意欲を受け止めて，幼児が生活の中で幼児らしい様々な表現を楽しむことができるようにすること。 (3) 生活経験や発達に応じ，自ら様々な表現を楽しみ，表現する意欲を十分に発揮させることができるように，遊具や用具などを整えたり，様々な素材や表現の仕方に親しんだり，他の幼児の表現に触れられるよう配慮したりし，表現する過程を大切にして自己表現を楽しめるように工夫すること。	（ウ）内容の取扱い ①豊かな感性は，身近な環境と十分に関わる中で美しいもの，優れたもの，心を動かす出来事などに出会い，そこから得た感動を他の子どもや保育士等と共有し，様々に表現することなどを通して養われるようにすること。その際，風の音や雨の音，身近にある草や花の形や色など自然の中にある音，形，色などに気付くようにすること。 ②子どもの自己表現は素朴な形で行われることが多いので，保育士等はそのような表現を受容し，子ども自身の表現しようとする意欲を受け止めて，子どもが生活の中で子どもらしい様々な表現を楽しむことができるようにすること。 ③生活経験や発達に応じ，自ら様々な表現を楽しみ，表現する意欲を十分に発揮させることができるように，遊具や用具などを整えたり，様々な素材や表現の仕方に親しんだり，他の子どもの表現に触れられるよう配慮したりし，表現する過程を大切にして自己表現を楽しめるように工夫すること。

ま と め

1 子どもは，生まれながらに，「善さ（善く生きようとする資質）」を持っているといわれている。保育・教育現場における子どもの活動や表現には，どのような「善さ」があるのか考えてみよう。

2 保育（childcare）とは，乳幼児が適切な環境の下で，健康・安全で安定感を持って活動できるように大人が養護するとともに，その心身を健全に発達させるように教育することである。

3 教育（education）とは，子どもにヒトとして生きていくために必要とされる知識や技能を教え授けることと同時に，子どもの持つ「善さ」を発見し，それを引き出し伸ばすという営みである。

4 保育・教育に共通したねらいは，子どもの「人格形成（小学校学習指導要領では人間として調和のとれた育成）」であり，「創意工夫を生かす」活動を推進することである。

5 保育・教育における教育課程は，子どもの心身の発達段階や特性に応じて編成するものである。

6 親子間の双方向性のあるやりとりの積み重ねによって，子どもは，自分が他者から大切にされているという基本的信頼感を獲得する。

7 保育内容領域「表現」のねらいは，子どもが，自分なりに表現することを通して，豊かな感性や表現する力を養い，創造性を豊かにすることとともに，イメージを豊かに育み，表現そのものを楽しむことである。

第2章

子どもの発達と保育内容「表現」

1　乳幼児期の発達と「表現」

　本章では，図工や音楽，身体表現などのそれぞれの表現の発達の基礎となる子どもたちの身体や認知，社会性の発達について概観する。

　人間以外の動物は，それぞれが知覚（見たり，聞いたり，感じたり）でき，そして作用できる世界とがセットとなった環世界（環境世界 Umwelt）を生きている[1]。ダンゴムシは，その固有の感覚器官を通して世界を知覚し，その世界にふさわしい行動（例：壁があれば左右どちらかに曲がる，つつかれると丸まる）を行っている。人間にももちろん感覚器官と結びついた環世界は存在するが，それは他の動物のように不可分かつ絶対的なものではなく，環世界の外にも開かれている。つまり，人間は，さまざまな道具を創り出し，ことばを話し，音や絵や動きによって芸術を生み出し，それらの媒介物を通して常に新しい環世界と出会っているともいえるだろう。

　ヴィゴツキー（Vygotsky, L. S. 1896-1934）は，このような人間精神の媒介性を理論化し，人間の精神活動は，世界と不可分かつ直接的につながるのではなく，常に環境との間に道具（物理的，心理的なものも含む）という媒介物を介して間接的につながっているとした[2]。このような視点に立つと，子どもの発達を理解するには，単に認知能力や運動能力といった個の機能に焦点を当てるのではなく，子どもと対象世界と媒介物（技術・身体・道具）の三者関係の変化を捉える視点が必要となる。

　前置きが長くなったが，保育内容「表現」は，文化的存在としての人間の生きる姿に焦点を当てた領域として考えることができるのではないだろうか。そこでは，子どもたちが，媒介物（技術・身体・道具）を通していかに世界（人も含む）と出会い，その出会いの中でどのようにして

自己を形作り，また変化させていくのかを捉える視点が求められる。

　確かに，表現とは何かという根源的な問いは難しい。ここでは，何か
を伝えようという意図的な「表し・現し」や伝達意図のない表出レベル
の「表れ・現れ」も含めて「表現」として捉えていきたい。というのも，
子どもたちの意図しない表出であっても，それを受け止めて理解する眼
差しのもとで，それは「表現」としての意味を帯び，その眼差しの中
でこそ子どもの「表現」は育まれていくものであるからである。

（1）身体的発達

　私たちは身体をもって生まれ，その身体とともに生きていく。細胞レ
ベルで見ると私たちは日々更新され，新しく生まれ変わっている。大人
になってみると，あんなに小さくたどたどしかった足取りも，疲れを知
らず飛び跳ねていた過去の自分も，すべて同じ自分だと感じられるほう
が不思議である。

　本節では，私たちの身体に刻み込まれた表現と，その発達についてみ
ていきたい。およそ3,000gほどで生まれた新生児は，1カ月も経つと
ぽってりとした姿になる。そのぎゅっと握られた小さな手，大きな頭，
でっぱったおでこ，太くて短い足など（幼児図式といわれる）[3]は，見てい
るものに「かわいい」という感情を引き起こす。また，睡眠中の新生児
がにっこりとほほえむことがある。この自発的微笑（新生児微笑）は，
脳神経活動に伴う生理的な反射だといわれているが[4]，ついつい抱きし
めたりほほえみ返したりしたくなる。また，私たち人間にとっては赤ち
ゃんを仰向けで寝かせることは当たり前であるが，仰向けで安定した姿
勢を維持できるのは人間の赤ちゃんの特徴であり，この姿勢が対面での
コミュニケーションを可能としている[5]。

　このような身体を考えると，私たちはすでに生まれたときより他者と
の関わりを予定しており，その関係の中で「表現し－受け止める」やり
とりが始まっていることがわかるだろう。その後次第に子どもたちの表
出はより意図的なものとなり，声を出して他者に働きかけ，目を合わせ
て微笑み合い，指差しをしてことばを交わし合うようになる。

　では，そのような身体を使う運動はどのように発達していくのだろう

12　第I部　理　論　編

か。図 2-1 は，ガラヒュー[6]が示した「運動発達の段階とステージ」である。人間の運動は胎児期から1歳ごろまでは「反射的な運動の段階」，3歳ごろまでは「初歩的な運動の段階」，10歳ごろまでは「基礎的な運動の段階」，10歳以降は「専門的な運動の段階」へと発展していくと述べている。また，運動発達とは単にスキルとしての動きを身につけることではなく，運動発達が子どもたちの認知的・情緒的発達の基礎となることの重要性についても触れている。さらに身につけた運動スキルは，生涯にわたって活動のおもしろさや体力の向上，充実感を求めて楽しみを追求する意欲へとつながるとともに，さまざまな危険を察知し身を守るための力の基礎ともなるものである[7]。

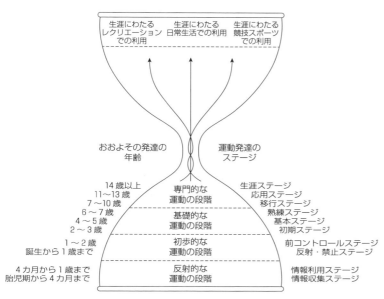

● 図 2-1 ● 運動発達の段階とステージ
出典：Gallahue, D.『幼少年期の体育：発達的視点からのアプローチ』杉原隆監訳，大修館書店，1999 年

乳幼児期に焦点を当ててみていくと，まずは反射的な運動の段階がある。それは「**原始反射**」とよばれる特定の刺激に対する，不随意かつ自動的な反射の段階である。原始反射には，口唇探索反射（口の周辺を触られると，その方向に口を向ける）や吸啜反射（口唇に触れたものを吸う）など，生きるために必要な反射もある一方で，モロー反射（急な上昇や下降の動きの経験に伴い，両腕を広げてつかまろうとするかのように動かす）

原始反射

のように進化の過程で消失した行動の名残のような反射もある[8]。原始反射は，大脳皮質の発達とともに消失したり，複雑な行動へと統合されていく。その一方で，意図をもって身体を動かす**随意運動**がでてくる。

　運動には，大きく身体全体を使う**粗大運動**と手指を使った細かな**微細運動**とがある。まず，粗大運動の発達をみていくと，胎児にもすでに反射とは異なる自発的な運動（ジェネラル・ムーブメント）を行い，リズミカルに一定のパターンで体を動かしていることがわかっている[4]。生後２〜３カ月ごろには首が座り，３〜４カ月頃には寝がえりをし，その後「ハイハイ」や「つかまり立ち」をし，１歳を迎える頃には初めの一歩を踏み出すという劇的な変化を遂げていく。運動機能の獲得は，その身体を通して出会う世界の変化と一体となっている。寝返ることで180度世界が回転する。ハイハイや歩行など，自ら移動する力は，空間の奥行きを自ら体験することにつながり，探索する意欲を育んでいく。

　幼児期になると，身体のバランスをとる動き（立つ，座る，転がる，回る，ぶら下がるなど），体を移動する動き（歩く，走る，跳ぶ，登る，降りるなど），用具などを操作する動き（持つ，運ぶ，投げる，捕る，蹴る，こぐなど）の基本的な動きをマスターし，大人が行うような運動パターンは，小学校入学前には一通り身につくとされている[12]。また，このような「**動きの多様化**」とともに，動きの力みやぎこちなさが少なくなり，目的にあった合理的でなめらかな動きができるようになる「**動きの洗練化**」が進んでいく（例：ボール投げ）[7]。その中で，思いっきり走ったり，登ったり，ジャンプしたり，自分の思い通りに身体を動かせる喜びが広がっていく。

　微細運動についても，ぎゅっと握っていた手指がバラバラに動かせるようになるとともに，それらを協調させて，モノを握ったり，つまんだりする操作が生後１年の間にできるようになっていく[9]。指の操作は，スプーンやお箸を使ってごはんを食べたり，服の着脱など日常生活の技術の向上に直結するとともに，ハサミやクレヨンなどの道具使用を精緻化させていく（図2-2）[10]。たとえば，上肢スキルの発達とともに，３歳頃にはハサミを使いだし，その後，線に沿ってハサミで紙を切ることができるようになる。さらには片方の手でハサミを持ちつつ，一方では紙

随意運動

粗大運動
微細運動

ジェネラル・ムーブメント

動きの多様化

動きの洗練化

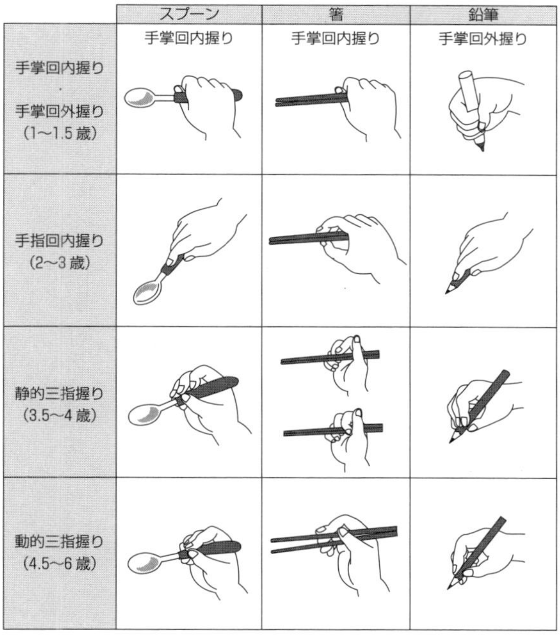

	スプーン	箸	鉛筆
	手掌回内握り	手掌回内握り	手掌回外握り
手掌回内握り 手掌回外握り （1〜1.5歳）			
手指回内握り （2〜3歳）			
静的三指握り （3.5〜4歳）			
動的三指握り （4.5〜6歳）			

● 図 2-2 ● 道具操作の発達

出典：鴨下賢一編『苦手が「できる」にかわる！発達が気になる
子への生活動作の教え方』中央法規出版，2013年，p. 18

を回して操作し，複雑な線に沿った切り方もできるようになっていく[11]。道具の使用は，子どもが自分でできる世界を広げるとともに，自らが働きかけて世界を変え，新しいものを生み出す喜びを育むことにつながっていく。

　では，幼児期の身体的発達を支える保育環境とはどのようなものだろうか。近年，運動指導を活動として取り入れる園は多く，跳び箱や鉄棒という技能の指導に力を入れる園もあるだろう。気を付けてほしいのは，乳幼児期は特定の運動を繰り返し練習し上達させる時期ではないということである[12]。文部科学省の「**幼児期運動指針**」[7]でも，幼児期の指導のポイントとして，①多様な動きが経験できるようにさまざまな遊びを取り入れること，②楽しく体を動かす時間を確保すること，③発達の特性に応じた遊びを提供することが明記されている。あくまでも，遊びや生活を通してさまざまな動きを体験することが大切であり，でこぼこの道を駆け回り，斜面をよじ登り，木にぶら下がったり，飛び降りたり，泥だけになって夢中で穴を掘ったりできる環境と時間とを大切にしてあげたい。

幼児期運動指針

第 2 章　子どもの発達と保育内容「表現」　**15**

（2） 認 知 発 達

　子どもたちは受動的に学習するのではなく，主体的に知識を構築して
いく存在であることを明らかにしたのは，かの有名なピアジェ（Piaget,
J. 1896-1980）である[13]。彼は，認識の枠組み（**シェマ**）を，より安定し
たものへ発達させていくプロセスを**均衡化**とよんだ。それは，**同化**（シ
ェマに合わせて外界から情報を取り入れること）と**調節**（外界の環境に適応
するように既存のシェマを変えること）を繰り返しながら進んでいくとい
う。**操作**とは，行為が内在化されたもので，実際の動作を伴わずに頭の
中だけで実行可能となることを指している（例：声にも出さず，指を使う
こともなく頭の中で計算をする）。ピアジェは，可能な操作の水準から，
子どもの認識の発達を感覚運動期，前操作期，具体的操作期，形式的操
作期の4段階に分けている。ここでは，乳幼児期の感覚運動期および前
操作期に焦点を当ててみていきたい。

　感覚運動期（0-2歳頃）は，表象（現前しない事物や現象について，心に
描くイメージ）が十分に育っていないため，感覚や行動を通して直接外
界への適応が行われる段階である。足の指をしゃぶったり，ガラガラを
振ったり，椅子からスプーンを落としたり，なんどもなんども同じこと
を繰り返しながら，身体を通して世界を理解しようとしていく。それは，
指しゃぶりのように自分の体の中での「行動（しゃぶる口の感覚）と結果
（しゃぶられる指の感覚）の反復」を繰り返す第一次循環反応にはじまる。
次に，ガラガラを振るといった対象への操作の繰り返し（第二次循環反
応）へと発展し，その後第三次循環反応（おもちゃを高いところや低いと
ころから落としてみたりと，対象への働きかけの方法を変えて試す）へとつ
ながっていく。この時期には，危ないから，汚いからと止めるのではな
く，子どもたちが舐めて齧って触って投げて探索できる環境を整えるこ
とが大切である。

　前操作期（2-7歳頃）では，表象が発達し，あるもので別の何かを指し
示す記号関係を理解できるようになる（例：リンゴということばで，実物
のリンゴを指し示す）。それはことばの発達につながり，「今・ここ」に
「ない」ものをイメージする力や，おばけや怪獣を想像する力にもつな

シェマ

均衡化
同化
調節

操作

感覚運動期（0-2歳頃）

前操作期（2-7歳頃）

がっていく。1歳10カ月の男児Sは，寒くなりはじめた11月に母親と散歩しながら，「みーん　みーん　いないねぇ」と，ふとセミの鳴き声が聞こえないことを口にしている。過去を記憶し，そして今・ここには「いないセミ」を想像できるからこそ，このような会話が可能になっていくのである。泥団子をおにぎりに見立てて遊ぶ力も，泥団子とおにぎりとの記号関係を理解できるからこそ，それらを混同することなく楽しめる。

　新版K式発達検査2001の項目に，まるを描くというものがある[14]。おおよそ2歳後半の課題として設定されているものであるが，この頃の子どもたちは円を上手に描くだけでなく，その描いた円にさまざまな意味づけをして楽しむ姿がある。リンゴと言いながら描いていたのが，いつの間にかおばけになり，それがどうやらドラゴンになって食べられたなどである。見ている側はその移り変わりに驚くが，本人は次から次へと形から連想して描き，描いたものをみてさらに連想しと，そのプロセス自体を楽しんでいる。そこには，自らの動きの可視化や内的なイメージの外化，そして思いがけないものが生まれてくることのおもしろさがある。

　写真2-1は，2歳9カ月の男児Sが，「これっくらいの　おべんとばこに　おにぎりおにぎりちょっとつめて…」と歌いながら，冷蔵庫に貼られたホワイトボードに描いた絵である。ニンジンもレンコンもすべて円で描かれているので見た目には判別できない。しかし本人は声色を換え，音程を高くしたり低くしたり，小さい声で歌ったり大きな声で歌ったりしながら，飽きることなく何度も消しては描くことを繰り返していた。この「繰り返せる」というのも子どもたちの力だろう。大人は，概念的にひとくくりにして「同じ」とみなしてしまう傾向にあるが，子どもたちは一つひとつの違いを味わう力を持っている。大きな声で歌いながら描いたお弁当と，小さな声で描いたお弁当は全く違うお弁当なのである。大人にとっては飽き飽きしてくる繰り返しの中にも，新鮮さを見出し楽しむ力が子どもにはある。

　一般的に，描画はスクイグル（なぐり描き）に始まり，次第に〇や△などの形を描き出しそこに多様な意味づけを行っていくことが知られて

 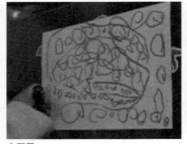 

1回目　　　　　　　　　　2回目　　　　　　　　　　3回目

● 写真2-1 ●　お弁当箱の歌を歌いながら絵を描くことを繰り返す（2歳9カ月）

いる。3歳を過ぎると，描きたいイメージがしっかりしてきて，絵は形を成してくる（図2-3参照）[15]。さらには，経験したことを絵に表したりするとともに，見たこともない生きものや想像した世界を描く力も発達していく（詳細は第5章，第11章参照）。

実は，人間以外の動物でも絵を描くことがある。たとえば，最も生物学的に人間に近縁のチンパンジーも，エサなどの報酬なしになぐり描きをするという[16]。つまり描くという行為自体におもしろさを感じることがあるということである。ただし，人間の子どもと比較をすると違いが見えてくる。齋藤（2014）によると，顔の輪郭のみが描かれた絵を提示すると，人間の子どもはそこに「ない」目や鼻や口を付け加える一方で，チンパンジーは「ない」ものを補うことはなく，描かれた線に注目してそれをなぞる行動が見られたという（詳細は第5章参照）。「今・ここ」には「ない」ものをイメージする力が人間とチンパンジーの描画にも表れているのかもしれない。

幼児期の子どもたちはさまざまな力をつけ，自分でできる世界が広がっていく一方で，**自己中心性**という認知的特徴をもっていて[13]，自分の視点から自由に離れて客観的にものごとを検討することは難しく，他者の視点と自己の視点とを関連づけたりすることも難しい。かくれんぼをすると，頭だけ隠して体は丸見えだったり（自分の視点と他者の視点を区別できない），夢でお腹いっぱいおやつを食べると現実にもお腹いっぱいになると思っていたり（心の中の表象と現実との区別が難しい），雨が降るのはお空が泣いているからだと思ったりする（アニミズム：無生物にも人間と同じように心があると思う）などである。子どもたちの思考は未熟で

自己中心性

非論理的にも見えるが、少ない手持ちの知識を利用しながら、彼らなりに論理的にものごとを予想したり理解しようとする思考の現れであると捉えることもできる[18]。

(3) 社会性とことばの発達

子どもたちの描画に、「今・ここ」には「ない」ものをイメージする力が表れていると述べた。その力の際たるものは、ことばであろう。1歳頃に初語が出て以降、さまざまなモノの名前を急激に覚えるとともに、抽象的な概念（大きい-小さい、重い-軽い など）や心的用語（楽しい、嫌い、思う、考える、欲しい など）なども使うようになり、文法規則にのっとったスムーズなコミュニケーションが可能になっていく。就学前の幼児期にはすでに8,000語から10,000語もの語を獲得するといわれている[19]。

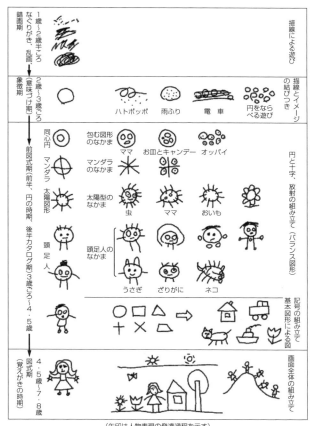

● 図 2-3 ● 幼児画の発達段階
出典：長坂光彦「描画発達」森上史朗・大場幸夫・秋山和夫・高野陽編『最新保育用語辞典』ミネルヴァ書房、1998年、pp. 217-220

このような目覚ましい言語発達の基盤として、上述した「今・ここにはないもの」をイメージする力が必要なことはいうまでもない。私たちはことば（文字）を使い、遠い過去の偉人の思想を学ぶこともできれば、会ったこともない遠くの国々に住む人とも話ができるのである。物語を読んで自分とは異なる主人公の人生を体験してみたり、ファンタジーの世界に浸ることができるのもことばの力であろう。

一方で、ことばには伝える相手が必要であり、言語発達の基盤となる重要な力として、他者との**三項関係**の発達をあげることができる[20]。二項関係とは、「モノと人」や「人と人」との二項の関係を指す。赤ちゃんは、記憶力や注意の配分などの認知機能の制約から、複数のものごとに同時に注意を向けつつ、それらを統合して認識する力が十分に育っては

三項関係

いない。おもちゃで遊びだすと，おもちゃに集中し，そこで声をかけられるとおもちゃのことはすっかり忘れたかのようにして人と関わり出したりする。それが生後 10 カ月ごろになると，「はい，どうぞ」とおもちゃを渡しに来てくれたり，新しいおもちゃを見て触っていいのか判断しかねるときに振り返って母親の顔を見たり（社会的参照）と，モノを介して人と関わったり，人を介してモノと関わることができはじめる。つまり，「自分－モノ－他者」の三項の関係の中で他者やモノと関わる世界が開けてくるのである。

三項関係の成立の指標となる行動には，**共同注意**がある。共同注意とは，他者が指差した方向を見て，そこにあるものに一緒に注意を向けて対象を共有するという関係である（ことばでのコミュニケーションもまさに，話題（対象）を他者と共有することで成り立っていることを思い出してほしい）[20]。子どもたちも，おかしを取ってほしいと指差しで要求を示したり，「ほら，カタツムリがいるよ」と言うかのように指差しをして，他者と一緒に同じ対象を見る関係を楽しみはじめる。そこには，自分の心の世界と他者の心の世界を重ね合わせて共有する楽しさを発見した喜びがある。

このような指差しも，時間経過とともに成熟すればおのずと発達してくるものであろうか。先述したように，未熟な人間の赤ちゃんは，生まれた時より笑顔や姿で他者を惹きつけるとともに，一方では人間の声や顔といった特徴に自らも惹きつけられ，他者との関係に巻き込まれていく。大人の側も意図的な行為としては未熟な赤ちゃんの表情や声や仕草に対して「意味」を見出し，「おなかが空いたんだね」「寂しかったんだね」とことばをかけて関わっていく。この解釈的な関わりが，結果として赤ちゃん自身の意図や思いといった心を育む上で重要な役割を果たしているのである[21]。つまり，子どもの心を実際以上に見積もる大人の側の「思いこみ」が，子どもの中に実体としての心を育むのである[22]。

CASE は，生後 10 カ月頃の男児 S の指の動きを示したものである。この時期には，人差し指がすっと立つというような行動が見られ，それに対して母は何かを指し示していると「解釈」しつつ声をかけて関わっていた。このエピソードの 2 日後には，母のひざの上であおむけになり

共同注意

つつ，カーテンやクーラー，額縁など見えるものに指を向けつつ，「クーラーね」などとSの行為にことばを重ねる母の声をゆったりとした表情で聞く姿があった。この時点では，随分と意図的に指を使い始め，そのコミュニケーションの心地よさ，指差しのもつ魔法のような機能に気づきはじめたのではないだろうか。その後は，「う！」などの発声も伴いながら，かなり意図的な指差しが日常に使われるようになっていく。

CASE♬

人差し指が立つ（10カ月）

　母に抱かれているときに，何かを触りたいかのようにすっと右手が上に挙がり，人差し指が1本のびる。何か近くのものを取ろうとしているわけでもないようで，実際に身体をよじって取ろうとするような動きはない。まるで自分の指を見ているようでもあるのだが，母が「絵本あるねぇ」などと声をかけると，満足したのか，はたまた声に気付いて注意がそれたのか，すっと手がさがる。

　指差しであれ，ことばであれ，「表現」とは他者の存在が前提にあり，他者と共有することで意味が立ち現れてくるものである。根源的な表現の意味を考えたときに，子どものあらわすさまざまな表情や意図や行動を読みとり，それをともに喜び共有する他者の存在がいかに大切であるかがわかるだろう。保育所や幼稚園等（以下，園と表記）では，まず何よりも保育者との安心できる関係性の中で，園が自分の居場所として感じられることが大切である。そこを基盤として，子どもたちの好奇心はもぞもぞと動き出し，小さな花を見つけたり，不思議な石を見つけたりし始める。そして，楽しそうに遊ぶ同年代の仲間の姿に誘われて夢中で遊び始めるだろう。

　保育の場は，家庭とは異なり多くの同年代の仲間が集う場であり，仲間との遊びは園生活の醍醐味の一つである。同年代の子どもは，大人のように自分に配慮もしてくれなければ，時には嚙みついてきたり，おもちゃを奪っていくなど時にはやっかいな他者である。しかし，子どもにとって，同じ年ごろの他者は魅力的に映るらしい[23]。人見知りをする時期でも，同年代の子どもに対しては好奇心を示すことはよくある。仲間との関わりが楽しい理由の一つには，それが手加減なしの対等な関係で

あり，同じような認知能力，身体能力を備えた他者であるからこそ，おもいっきりぶつかりあえる良さがある。このような関係の中で，伝わらない，わかり合えないことも含めて多くの葛藤を味わい乗り越えていく力が育まれていくのだろう。

2 児童期から青年期の発達と「表現」

（1） 身体的発達

　先述したように，ガラヒュー[6]が示した「運動発達の段階とステージ」では児童期は「基礎的な運動の段階」，10歳以降は「専門的な運動の段階」である。幼児期において基礎的な運動パターン（走る，跳ぶ，投げる，滑る，蹴る，打つなど）は出揃い，児童期になると，それぞれがより効果的な動きへと分化し特殊化されていく（「跳ぶ」を例にとると，走り幅跳びもあれば，高跳びもあるし，バレーボールの球技などで跳ぶこともある）。さらに，青年期は一生のうちで運動体力が最も高くなる時期であり，トレーニングの効果も最大となる[12]。この時期には，スポーツとしての運動はより専門化を遂げ，生涯にわたる日常生活やレクリエーションとしての運動の基礎を形作るとともに，職業としてのスポーツへとつながることもある。さらに，思春期から青年期は成長ホルモンや性ホルモンの働きが盛んになり，第二次性徴期を迎える。男女差も顕著になり，急激な成長にともなう自我変容と発達もまた青年期の特徴である。

　近年ライフスタイルの変化や子どもの遊び場の減少等の中，**子どもの運動力の低下**が指摘されて久しい。文部科学省が1964年以降実施している全国調査によると，子どもたちの体格は親世代と比べると向上しているにもかかわらず，体力・運動能力が低下していることが指摘されている[24]。また，発達検査の一つK式発達検査の項目を比較すると（新K式1983，新K式2001），幼児期前半の「なぐり書き」や「円錯画」には大きな差はなかったが，幼児期後半以降の「正方形模写」「三角形模写」「菱形模写」では，年齢別通過率も通過年齢も遅れが顕著であったとの

子どもの運動力の低下

指摘がある[25]。これらの原因には複数の要因が絡まっていると思われるが，子どもたちの粗大運動，微細運動ともにその力の低下が懸念されている現代，その対応は喫緊の課題であろう。

（2）認知発達

児童期は，先述したピアジェのいう具体的操作期にあたる。そして青年期には形式的操作の段階に至る。ここでは，ピアジェの区分に沿いながら，児童期と青年期の発達と表現についてみていきたい。

具体的操作期（7～11歳頃）は，直感的な対象にもとづいて行う論理思考の段階である。幼児期の前操作期の段階に比べると，思考に論理性が加わり，長さの異なる10本の棒を並べるのに，試行錯誤ではなく最初に一番短い棒を選び，次に残った棒の中から一番短いものを選ぶというように組織的に**系列化**することができるようになる。粘土をこねて形が変わっても，その質量は変わらないと理解するように，見た目に惑わされなくなってくるのも具体的に操作期の段階である。空間認知に関しても，自分の視点を離れて客観的に他者の視点から俯瞰することも可能になってくる（脱中心化）。たとえば，有名な3つ山課題[17]を実施すると，大小3つの山の模型が見る位置によって変わることが理解できるようになり，10歳ごろには，その位置関係を他者の立場からも正しく推測できるようになる。

児童期の空間認知の発達は描画の発達の視点からは，知的リアリズムから視覚的リアリズムの発達としてとらえられてきた[26]。**知的リアリズム**は，自分が知っているものをそのまま絵にする現象で，バスを描くと乗っている人の全身が透けて見えるように描くなどである。**視覚的リアリズム**は，見たままに描くという視覚的写実性を指し，現実をよりリアルに表現するものである（詳細は第5章参照）。

形式的操作期（11歳頃から）には，具体物から切り離された抽象的な概念や数値の操作が可能なものとなる。新版K式発達検査2001[14]には，11歳ごろの課題として「3語の類似」がある。「蛙・馬・鶏はどう似ていますか」などと問うものであるが，それに対して「眼がある」などと具体的な形態的特徴などを答えるだけではなく，「肺呼吸をする」など

具体的操作期（7～11歳頃）

系列化

脱中心化

知的リアリズム

視覚的リアリズム

第2章　子どもの発達と保育内容「表現」　23

見た目には観察できない機能に言及したり，「動物である」などと抽象的な包括概念を答えるようになる。また，形式的操作の段階で可能となる三段論法とは，たとえば「たかしはよしおより大きい」「さとるはよしおより小さい」という情報から，3人の関係（たかし＞よしお＞さとる）を推論するなどである。ただし，すべての青年が形式的操作の段階に達するわけではなく，そこには教育が大きな役割を果たしているといわれている[27]。

　児童期後半から青年期にかけては，客観的に物事を捉える視点が発達していく。それは，他者や物理的世界に対する認識のみならず，自分の行為や思考を客観的にモニタリングするメタ認知につながり，計画的にものごとを遂行する力も培われる。その一方で，苦手意識を感じたり，他者との比較の中で劣等感を感じるなど，自己を表現することへの戸惑いも生まれる時期であろう。

（3）　社会性と自我の発達

　認知発達の節で述べたように，児童期から青年期にかけて具体的で直感的な世界の上に，抽象的で形式的な世界が開けていく。それは，ことばの発達とも密接に関係している。幼児期から児童期にかけてのことばの発達は，**一次的ことば**から**二次的ことば**への変化としてとらえることができる[28]。一次的ことばとは，状況に深く結びついた，親しい人とのコミュニケーションを指し，二次的ことばとは，不特定多数の抽象化された聞き手に向けられた一方向なことばである。二次的ことばには書きことばも含まれる。また，一次的ことばは二次的ことばの獲得によって消失するのではなく，二次的ことばの発達により深まりをみせ，それぞれが重層的に発達していく。

　幼児期には，思いついたこと感じたことを傍らに寄り添う親しい人（親や保育者や友達）と共有し伝え合うことに重きが置かれたコミュニケーションが大切である。児童期にはさらに，自分の中で考えを整理しまとめた上で他者に伝わるように筋道立てて話す力が培われていく。その背景には，「他者の視点に立つ」という他者視点の取得が重要な役割を果たしている（自己中心的な思考からの脱却＝脱中心化）。幼児期において

一次的ことば
二次的ことば

子どもたちは，自己や他者には感情や欲求，思考という心があることに気づき，時に自分の考えと他者の考えが異なることを理解し始める（心の理論の発達）。その後，学校の仲間や近所の人々，家族，先生など多くの人々との日常のやりとりを通して，他者と自己の見え方や，感じ方や価値観の違いについて理解し，心の理論を精緻化させていく。

　心の理論の発達は，他者が見ることのできない自分の心に気づくことにもつながり，子どもたちは他者には見せない自分の秘密をもち始める。また，秘密を保持するには，自己をコントロールする力や，内言（他者に向けて発することのない思考の言語）の発達も重要な要素となる。秘密の世界を持ち始めた子どもたちは，親や先生などの大人の世界とは異なる子どもの世界をつくり始める。児童期においては仲間とともに秘密基地をつくったり，親しい数人の仲間と秘密を共有することで絆を深めるなど，仲間との連帯感が育まれていく（この時期はギャングエイジともよばれている）。さらに，青年期においては，心の中の世界は広がるとともに，「自分は何者なのか」「何のために生まれてきたのか」「この世界で自分の存在する意味は何か」という，**アイデンティティの獲得**が大きな発達的課題となる[29]。時には孤独感を感じ，自己を表現することへの恐れも生じるであろう。自分にとって心地の良い自分らしさを手にした上で，社会の中でそれをどのように表現し，社会の中に居場所を見つけてゆくのかは生涯における課題である。

｜ 心の理論

｜ アイデンティティの獲得

3　さいごに：身近なものに触れることによる発達

　以上，幼児期から青年期に至る子どもたちの身体，認知，社会性，ことばの発達を概観した。最後に，身近なものに触れることの重要性を指摘しておきたい。新幼稚園教育要領および保育所保育指針，認定こども園保育教育要領には共通して，**幼児期の終わりまでに育ってほしい姿**が 10 項目示されている（詳細は第 1 章参照）。その最後 10 番目には，「⑽ 豊かな感性と表現」という項目がある。そこには，「心を動かす出来事などに触れ感性を働かせる中で，様々な素材の特徴や表現の仕方などに

｜ 幼児期の終わりまでに育ってほしい姿

第 2 章　子どもの発達と保育内容「表現」　25

気付き，感じたことや考えたことを自分で表現したり，友達同士で表現する過程を楽しんだりし，表現する喜びを味わい，意欲をもつようになる。」ことの重要性が指摘されている。表現技術（音楽や図工など）には特殊性があり，幼児期においてもスキル指導の比重が大きくなる傾向にあるが，もう一度，幼児期における表現とは何なのかを考える必要があるだろう。

　従来，領域表現の内容の取扱いには，「豊かな感性は，身近な環境と十分に関わる中で美しいもの，優れたもの，心を動かす出来事などに出会い，そこから得た感動を他の幼児や教師と共有し，様々に表現することなどを通して養われるようにすること。」と示されていた。今回の改訂では「風の音や雨の音，身近にある草や花の形や色など自然の中にある音，形，色などに気付くようにすること」と付け加えられている。特別な体験ではなく，日常の中にある身近な自然を感じる感性の醸成がより一層求められているといえるだろう。

　菜園のキャベツについたモンシロチョウの幼虫を手にして，「ふわふわだ」と発見したり，カリンの実を拾って，その甘い匂いを胸一杯に息を吸い込んだりと，子どもたちは園庭の中でいつも何かを見つけてきてくれ，その感性には驚かされる。その世界を一緒に楽しめる感性を大人も持ち続けたいものである。

【引用・参考文献】
1）ヤーコブ・フォン・ユクスキュル，ゲオルク・クリサート『生物から見た世界』日高敏隆・野田保之訳，思索社，1973年
2）ヴィゴツキー『新訳版・思考と言語』柴田義松訳，新読書社，2001年
3）K. ローレンツ「動物および人間の社会における全体と部分―方法論的考察」『動物行動学Ⅱ上』日高敏隆・丘直通訳，思索社，1980年
4）竹下秀子『赤ちゃんの手とまなざし：ことばを生みだす進化の道すじ』岩波書店，2001年
5）Takeshita H, Myowa-Yamakoshi, M. & Hirata, S.　The supine position of postnatal human infants.　*Interaction studies*, **10**(2), 2009年，pp. 252-268.
6）デビッド・L・ガラヒュー『幼少年期の体育：発達的視点からのアプローチ』杉原隆監訳，大修館書店，1999年
7）文部科学省幼児期運動指針策定委員会『幼児期運動指針ガイドブック：毎日，楽しく体を動かすために』2012年
8）ジャック・ヴォークレール『乳幼児の発達：運動・知覚・認知』明和政子監訳，鈴木光太郎訳，新曜社，2012年
9）ジョージ・バターワース，マーガレット・ハリス『発達心理学の基本を学ぶ：人間発達の生物学的・文化的基盤』村井潤一監訳，ミネルヴァ書房，1997年
10）鴨下賢一編著『苦手が「できる」にかわる！発達が気になる子への生活動作の教え方』中央法規出版，2013年
11）大城昌平・儀間裕貴編『子どもの感覚運動機能の発達と支援：発達の科学と理論を支援に活かす』メジカルビュー社，2018年

12）杉原隆「第2章　幼児期の運動発達の特徴」杉原隆・河邉貴子編著『幼児期における運動発達と運動遊びの指導：遊びのなかで子どもは育つ』ミネルヴァ書房，2014年，pp. 12-30

13）波多野完治編『ピアジェの発達心理学』国土社，1965年

14）生澤雅夫・松下裕・中瀬惇編『新版K式発達検査2001．実施手引書』京都国際社会福祉センター，2001年

15）長坂光彦「描画発達」森上史朗・大場幸夫・秋山和夫・高野陽編『最新保育用語辞典』ミネルヴァ書房，1998年，pp. 217-220

16）齋藤亜矢『ヒトはなぜ絵を描くのか：芸術認知科学への招待』岩波書店，2014年

17）Piaget, J., & Inherlder, B. *La representation de l' espace chez l' enfant.* Presses Universitaries de France. 1948.

18）稲垣佳世子『生物概念の獲得と変化：幼児の「素朴生物学」をめぐって』風間書房，1995年

19）小林春美「言語発達」田島信元，岩立志津夫，長崎勤編『新・発達心理学ハンドブック』福村出版，2016年，pp. 339-351

20）マイケル・トマセロ『心とことばの起源を探る―文化と認知』大堀壽夫・中澤恒子・西村義樹・本多啓訳，勁草書房，2006年

21）岡本依子「親子関係とコミュニケーション」『発達』31（121）ミネルヴァ書房，2010年，pp. 9-17

22）遠藤利彦『赤ちゃんの発達とアタッチメント―乳児保育で大切にしたいこと』ひとなる書房，2017年

23）Harris, J. R. Where is the child's environment? A group socialization theory of development. *Psychological Review,* **102**, 1995, pp. 458-489

24）スポーツ庁「平成28年度体力・運動調査結果の概要及び報告書について」2016年，http://www.mext.go.jp/b_menu/toukei/chousa04/tairyoku/kekka/1261311.htm（2018年9月20日閲覧）

25）郷間英世・大谷多加志・大久保純一郎「現代の子どもの描画発達の遅れについての検討」『教育実践総合センター研究紀要』**17**，2008年，pp. 67-73

26）G. H. リュケ『子どもの絵』須賀哲夫監訳，金子書房，1977年

27）Shayer, M., & Wylam, H. The distribution of Piagetian stages of thinking in British middle and secondary school children：2. *British journal of education psychology*, **48**, 1978, pp. 62-70.

28）岡本夏木『ことばと発達』岩波書店，1985年

29）エリク・H・エリクソン『アイデンティティ―青年と危機』中島由恵訳，新曜社，2017年

お薦めの参考図書

① 齋藤亜矢『ヒトはなぜ絵を描くのか―芸術認知科学への招待』岩波科学ライブラリー221，2014年

② 竹下秀子『赤ちゃんの手とまなざし―ことばを生みだす進化の道すじ』岩波書店，2001年

③ 杉原隆・河邉貴子編著『幼児期における運動発達と運動遊びの指導―遊びのなかで子どもは育つ』ミネルヴァ書房，2014年

④ ジャック・ヴォークレール『乳幼児の発達―運動・知覚・認知』明和政子監訳／鈴木光太郎訳，新曜社，2012年

⑤ 森口佑介『おさなごころを科学する―進化する乳幼児観』新曜社，2014年

ま と め

1 子どもたちの意図しない表出であっても，それを受け止めて理解する眼差しのもとので，それは「表現」としての意味を帯び，その眼差しの中でこそ子どもの「表現」は育まれていく。

2 生まれたときより人は他者との関わりを予定しており，その関係の中で「表現し―受け止める」やりとりが始まっている。

3 人間の運動は胎児期から1歳ごろまでは「反射的な運動の段階」，3歳ごろまでは「初歩的な運動の段階」，10歳ごろまでは「基礎的な運動の段階」，10歳以降は「専門的な運動の段階」へと発展していく。

4 乳幼児期は特定の運動を繰り返し練習し上達させる時期ではなく，遊びや生活を通してさまざまな動きを体験することが大切である。

5 子どもたちは受動的に学習するのではなく，主体的に知識を構築していく存在であることを明らかにしたのは，ピアジェ（Piaget, J. 1896-1980）である。

6 「今・ここ」には「ない」ものをイメージする力が，子ども達の描画や言葉の発達と深く関わっている。

7 生後10カ月頃から「自分－モノ－他者」の三項の関係の中で他者やモノと関わる世界が開けてくる。

8 青年期には，客観的に物事を捉える視点が発達するとともに，他者との比較の中で劣等感を感じるなど，自己を表現することへの戸惑いも生まれる。

第3章
サウンドスケープと音育のひろがり

1 サウンドスケープとサウンドスケーピング

「**サウンドスケープ**（soundscape）」は「ランドスケープ（landscape）」からの造語で「音風景」と訳される。サウンドスケープを提唱したレーモンド・マリー・シェーファー（Raymond Murray Schafer）は，この用語を「個人あるいは社会による音の理解と知覚の方法を通しての音環境（sonic environment）」と定義している。ひらたくいえば，聴覚的風景（耳できく／感じる／捉える風景）といえるだろう。現実にある生音だけでなく，音（楽）作品に適用する人もいる。

サウンドスケープの発想には，音の感受性を大きく変革する力がある。そして，身近な生活を再考するための，鋭い問いも投げかける。私がサウンドスケープを元にした「音の教育活動」を行ったとき，今までの**身体感覚**が一新する場面を何度も経験してきた。

音に気づくよろこびは，具体的な行動につながっていく。知覚現象にすぎなかったサウンドスケープは，具体的な「行為」を誘発させる。たとえば，音から生み出された感動を人に伝えたくなって，何かを表現したくなってくる。そして，人と一緒に音を探しはじめたり，街の音をききに出かけたり，音の創作をしたくなることもある。

このように，音風景を知覚する現象が元になって，具体的な行為が生まれる状態を，私は「**サウンドスケーピング**（soundscaping＝音風景すること）」という用語で示し，サウンドスケープとは区別することにしている。「サウンドスケーピング（soundscaping）」は，音風景する（to soundscape）という動詞の動名詞形である。注意すべき点は，本来サウンドスケープとサウンドスケーピングは切り離せないものであり，厳密な区別は不可能であることだ。次節以降では，サウンドスケーピングの

サウンドスケープ

身体感覚

サウンドスケーピング

代表例である「音育」「音学」「音創」の３分野について，詳しく論じて
いく。

◆2 サウンドスケーピング① 「音育」

音育とは，「音の教育」を略した造語である。その元になるのは，シェ
ーファーが提唱した「**サウンドエデュケーション**」という，きく力を養
うための音の教育プログラムである。その内容は『サウンドエデュケー
ション（sound education）』という書籍にまとめられており，世界のサウ
ンドスケープを改善する方法として100の音の課題が紹介されている。
鋭い批判力をもった耳を育む必要性を説き，最終的には周囲のサウンド
スケープを積極的にデザインすることを提案している。

　シェーファーの唱えたサウンドエデュケーションの大きな問題点は，
音そのものをきく現象（サウンドスケープ）と，きいた音を記述して皆で
共有する行為（サウンドスケーピング）が混同しているか，あるいは同時
に行われていることである。

　たとえば，「遠い音／近い音」という課題がある。一定時間環境音を
きいて，自分が最も遠く，あるいは近いと感じた音を言葉で伝えるもの
である。だがこのメニューをやっても，音を浸るようにきく行為には至
らないことがわかってきた。参加者は，遠くの（あるいは近くの）音を無
理矢理探し出そうとして純粋に音をきく状態から離れ，適当な言葉で音
を示したり，音を探すという強迫観念が生まれてしまうのである。

　結局のところ，音育の基点となる課題は「**ディープ・リスニング**」で
はないかと私は考えている。この方法は，「自分の内側にある音を感じ
る行為」である。とはいえ，音を深くきく行為は，ときに無意識の領域
に深く入り込むために，自分の意識で聴き方を加減することが難しくな
る。一時的であっても聴覚の感度が高まり，周囲の音に過敏に反応する
状態が続くと，元に戻すことが難しくなる危険がある。大切な点は，音
育の適切なメニューを選び，限度のあるバランスのよい手順を組み立て
ることである。

音育
サウンドエデュケーショ
ン

ディープ・リスニング

30　第Ⅰ部　理　論　編

3 サウンドスケーピング② 「音学」

　音学とは，「音の学問」を意味する造語である。音学は，「サウンドスケープ（音風景を知覚する現象）」を調査・分析・解釈する行為であると，私は考えている。その元となるアイデアは，シェーファーが提唱した「**音響生態学**（acoustic ecology）」であり，特定の地域を対象にした「現場主義」による音のフィールドワークが行われることである。音響生態学の最大の効果は，不定型な音環境を目に見える形として記録する技法を，実験的に提示していることである。主観的に感じる音風景を表記する「サウンドマップ」が最も特筆すべき手法である。音を視覚的に記録する利点は，目に見えない音の要素を他人と共有できることである（図3-1）。

音学

音響生態学

　また，記録された音を分類して，現場の音環境の特徴を明確にする方法がある。具体的には，きこえた音を，3つのカテゴリー（音信号・基調音・音標識）に分ける。まず，対象地域にある音環境を2つのカテゴリーの「基調音（keynote sound）」と「音信号（sound signal）」とに分ける。前者は地となりやすい音（背景音）であり，後者は図となりやすい音（前景音）である。2つの分類は「1対の組」として考えると理解しやすい。

● 図3-1 ● 大学生が描いたサウンドマップの一例

　「**基調音**」は，特定の社会で絶えずきこえ続けている音のことである。地球上のあらゆる場所に存在し，繰り返し現れ，音信号の背景となる音である。「**音信号**」は，人がとくに注意を向ける音であり，特定の意味を伝えたり警告を促す役目がある。「**音標識**（soundmark）」は音信号の一つであり，共同体の人々が尊重するような象徴性の高い音である。社会

基調音

音信号

音標識

や人々を結びつけるシンボルの音で，**音響共同体**を形づくる地域特有の音ともいえる。音標識はランドマーク（landmark）を元にした造語で，対象地域を特徴づける目印の音である。

音響共同体

◆4 サウンドスケーピング③「音創」

音創とは，「音を創ること」，つまり，音や音風景をデザインすることを意味する造語である。デザインという行為は，目に見えるモノ（有形物）の設計だけに留まらず，目に見えないコト（特定の状況や条件）を含めた「場面全体」の創出が含まれると，私は考えている。音創についても同じことがいえる。

音創

音デザインを一言で表現すれば，「空気のデザイン」である。つまり，環境要素の一つである「音」をきっかけに空間全体をデザインするといったニッチな手法である。スピーカなどの音響機器（ハードウェア）を取り付け，BGM を垂れ流すだけの手法だけが音デザインではない。狭義の意味で音デザインを解釈すると，すぐに行き詰まりが生じる。

音創の最終目標は，人が満足する音デザインを実現させることに留まらず，「人と人がつながる」場づくりを，音から生み出すことである。音デザインをコーディネートする人（音／音環境デザイナーとよばれる統括者）は，そのきっかけづくりを提供する役割がある。音デザイナーが音を直接生み出さなくても，音を起点に人と物や人と人がつながるしくみは創出可能である。

音デザインの方向性は，「マイナス（音をへらす）」「ハコ（響きの調節）」「プラス（音をふやす）」の3つの事項に分けて構想するとわかりやすい。**「マイナスの音デザイン」**は不快と認識される音を削減する方向，**「ハコの音デザイン」**はハコ（器）の響き方を調節する方向，**「プラスの音デザイン」**は，必要な音を付加する方向である（図 3-2）。

マイナスの音デザイン

ハコの音デザイン

プラスの音デザイン

3つの方向性の優先順位については，まず「マイナスの音デザイン」を先行し，不快な音の存在を削減（あるいは低減）させる。次に「ハコの音デザイン」を実施し，建物空間の響きを程良くするために，建材や内

32 第Ⅰ部 理 論 編

装材などの響きを支える物理的な素材を整えていく。この段階で音デザインの目標が達成すれば，音の状態はニュートラルに近づくため，これ以上余計な手を加える必要はない。どうしても音を加える必要がある場合に限り，「プラスの音デザイン」を実施する。音を付加するデザインの事例では音の発生が継続するため，音の影響力に十分配慮する必要がある。

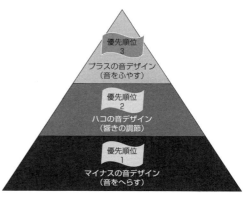

● 図 3-2 ●　音デザインの方向性

5　子どもの感性を磨く「音育」

　サウンドスケープが最も効力を発揮する領域は「音育」ではないかと，私は考えている。音育がもたらす効力とは，「きき方の幅を広げ，音の感覚を高める」作用である。つまり，サウンドスケーピングの一つである「音育」によって，サウンドスケープという「知覚現象」に直接磨きをかけられるのである。

　音育の最大の効果は，「ふだんきき逃しがちな背景音の存在を自覚し，その気づきをもとに読者の音のきき方（＝**聴覚的フレーム**）が一時的に変わること」である。ただし，それを知識として獲得することはできない。まずは音の存在を自力で実感することからはじまる。そこから，きき方のバリエーションが増えてくる。慣れてくると，前景音や背景音を自由自在にきき分ける「耳のチャンネル」のような聴覚の選択能力を獲得することが可能となる。

　とりわけ乳幼児の子どもと親御さんにとっては，親子が一緒になって音を探したり，音をきくことを楽しむ音育の時間は，かけがえのないものとなるだろう。音のきき方を鋭くすることによって，意思伝達する能力が磨かれ，他人とコミュニケーションが取りやすくなる効果がある。

　また，幼児教育や音楽教育などに携わる方にとっては，音育メニューを現場で実践することで，幼児の感性や表現力を底上げする効果が期待できる。さらに，聴覚の機能が弱まっていると感じる方にとっては，周囲の状況を音で察知する方法を知ることで，自力で安全を確保する能力

聴覚的フレーム

を改善する効果が期待できる。

6 保育園における音育の現場事例

　京都市の保育園での実践例をもとに，音育プログラムの可能性と現場
への導入プロセスの検討を行った。園児の反応とともに，保育士にも聞
き取りを行った。

（1）方法の概要

　京都市左京区「岩倉こひつじ保育園」に継続的な音育プログラムの実
施を依頼し，内容に賛同いただいた上で，2017年12月時点で，2回実
施した。実施日は2017年11月7日と28日で，各回とも30分程度の所
要時間であった。1回目は年長20人，年中19人，年少17人の計56名，
2回目は年長22人，年中19人，年少18人の計59名であった。実施時
間帯は午前10時台の設定保育時であった。

　プログラム実施時は，園の保育士が園児を見守る中，筆者が進行を行
い，3〜4名の園外スタッフが進行をサポートした。1回目は身近な音
や身体動作音に慣れ親しむこと，2回目は音から視覚イメージをふくま
らせながら，表現につなげることを目的として音育プログラムを進行し
た。

（2）方法の詳細

　今回の音育プログラムで用いたおもなメニューを説明する。「音が消
える瞬間」は，減衰音が持続して鳴る音具を使い，音が消えた瞬間を感
じるメニューである。音が消えたと感じたら手を上げてもらい，互いの
感覚を共有しあう。「紙やぶり」は，紙を出来るだけ長い時間をかけて
やぶるメニューと紙を出来るだけ大きな音を立ててやぶるメニューであ
る。「音を立てずに立ちすわり」は，座っている状態から音を立てずに
立ち上がり，再び座るメニューである。「音を絵にする」は，きこえた音
（今回はスピーカで鳥の声や川のせせらぎなどの森の複合音を再生）を絵に

34　第I部　理　論　編

表現（可視化）してみるメニューである（写真 3-1）。これらを適宜組み合わせて進行した。

（3） 各回の進行状況

各回のタイムテーブルを表 3-1，3-2 に紹介する。1 回目については初回ということもあり，園児が指導者に慣れながら，音をきくことに親しみを感じ，身近な動作音に興味をもたせることを心がけた。園児にその都度「感じた音」についての印象を自由に話してもらった。

● 写真 3-1 ●　「音を絵にする」の現場風景

とくに 1 回目の音が消える瞬間（1 度目）では，「まわりの音が大きく感じる」と反応した園児が多く，2 度目では「音が長く続いている」と感じる園児が多かった。2 回目については園児が音の感受に対する慣れと安心感を持ったためか，音を絵にする作業が短時間でスムーズに進行した。出来上がった他の園児の絵を，興味深く眺める園児の姿が印象的であった。

● 表 3-1 ●　1 回目の進行

経過時間	プログラムの内容
0：00 – 2：00	導入（はじまりの挨拶）
2：00 – 3：50	音が消える瞬間（1）
3：50 – 7：20	紙やぶりの準備/説明
7：20 – 8：20	大きな音を出す紙やぶり
8：20 – 9：30	紙やぶりの準備/説明
9：30 – 14：05	ゆっくりした紙やぶり
14：05 – 16：00	1 分間音を出し続ける
16：00 – 17：50	新聞を使った紙やぶり（説明）
17：50 – 18：30	音が消える瞬間（2）
18：30 – 21：00	音ききの感想をきく時間
21：00 – 24：30	次回の音育デモ（音を絵にする）
24：30 – 25：00	終わりの挨拶

● 表 3-2 ●　2 回目の進行

経過時間	プログラムの内容
0：00 – 1：00	導入（はじまりの挨拶）
1：00 – 3：00	音が消える瞬間（1）
3：00 – 6：00	音を立てずに立ち座り
6：00 – 10：00	音を絵にする説明
10：00 – 23：00	音を絵にする作業時間
23：00 – 26：40	絵を見せあう時間
26：40 – 27：30	感想を聞く時間
27：30 – 28：30	まとめ
28：30 – 29：00	音が消える瞬間（2）
29：00 – 29：50	終わりの挨拶

（4） 保育士の感想

音育プログラムの実施後，6 名の保育士に音育プログラムの感想を伺った。1 回目よりも 2 回目の方が，園児の「音のきこえ方」が変わったり，園児に変化があったと回答した人が多かった（図 3-3，図 3-4）。「きこえ」に対する具体的な変化は明確にわからないものの，「子どもたちが音に興味をもった」「前回よりもしっかり音を聞こうという姿勢が見

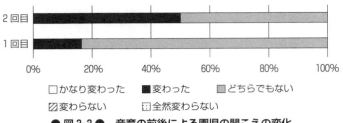

● 図3-3 ●　音育の前後による園児の聞こえの変化

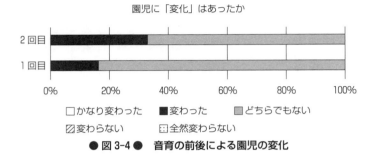

● 図3-4 ●　音育の前後による園児の変化

られた」「もっとわかりやすい言葉で説明してほしい」という意見があった。音育プログラムの効果は子どもによって違いが生まれるにもかかわらず，音に集中する時間があったことを肯定的に捉え，継続的に関わっていきたいといった意見もあった。

7　まとめ

　本章では，サウンドスケープとその広がりを概括的にまとめ，とりわけ音育について具体例を交えながら論じてきた。音育プログラムの目的は，ふだんきき逃しがちな背景音を意識することである。ただ，幼児に対して実践するために大切なことは，それ以前の環境設定が必要である。具体的には，楽しい雰囲気で音に興味をもたせること，難しい説明を行わないこと，プログラムの進行にメリハリ（緩急）をつけることが，今回の実践と保育士からの感想を通して感じたことであった。

　今後保育領域において，サウンドスケープの概念や音育活動が広がることを願っている。

謝　辞

　音育プログラムを実践するにあたり，岩倉こひつじ保育園の川﨑真理事長をはじ
め保育士の方に大変お世話になりました。ここに厚く御礼を申し上げます。

【引用・参考文献】

1）小松正史『サウンドスケープのトビラ―音育・音学・音創』昭和堂，2013年
2）小松正史『賢い子が育つ耳の体操』ヤマハミュージックメディア，2017年
3）保育福祉小六法2017年版付録『平成30年度施行　保育所保育指針　幼稚園教育要領　幼保連携型認定こども園教育・
　　保育要領』みらい，2017年，p.47
4）小松正史「幼児を対象とした音育プログラムの開発―保育園での実践活動を例にして」日本音響学会2018年春季研
　　究発表会，2018年，pp.1135-1136

お薦めの参考図書

① 小松正史『サウンドスケープのトビラ―音育・音学・音創』昭和堂，2013年
② 小松正史『賢い子が育つ耳の体操』ヤマハミュージックメディア，2017年
③ 小松正史『1分で聞こえが変わる耳トレ！』ヤマハミュージックメディア，2017年
④ 小松正史『毎日耳トレ！』ヤマハミュージックメディア，2018年
⑤ R.マリー・シェーファー『サウンドエデュケーション』鳥越けい子他訳，春秋社，2009年
⑥ 吉永早苗『子どもの音感受の世界―心の耳を育む音感受教育による保育内容「表現」の探究』無藤隆監修，
　萌文書林，2016年

ま と め

1 「サウンドスケープ（soundscape）」は「ランドスケープ（landscape）」からの造語で「音風景」と訳される。

2 サウンドスケープの発想には，音の感受性を大きく変革する力があり，身近な生活を再考するための，鋭い問いも投げかける。

3 音育とは，「音の教育」を略した造語であり，音育の基点となる課題は「ディープ・リスニング」である。

4 音学とは，「音の学問」を意味する造語であり，「サウンドスケープ（音風景を知覚する現象）」を調査・分析・解釈する行為である。

5 音創とは，「音を創ること」，つまり音や音風景をデザインすることを意味する造語であり，環境要素の一つである「音」をきっかけに空間全体をデザインするといったニッチな手法である。

6 音デザインの方向性は，「マイナス（音をへらす）」「ハコ（響きの調節）」「プラス（音をふやす）」の３つの事項がある。

7 音育の最大の効果は，「ふだんきき逃しがちな背景音の存在を自覚し，その気づきをもとに読者の音のきき方（＝聴覚的フレーム）が一時的に変わること」である。

8 幼児教育や音楽教育などに携わる方にとっては，音育メニューを現場で実践することで，幼児の感性や表現力を底上げする効果が期待できる。

第4章

音感受教育と「表現」

1 音感受教育とは

(1) 子どもの音感受の世界

音感受

　5歳の男児と公園を散歩していた時のことである。カーブした小川のせせらぎで，向こう側に渡ったりまた戻ったりして先に進もうとしない。何をしているのかと尋ねたところ，「あっちとこっちと音が違う」と言う。ハッとした。水の勢いが変われば音は変化する。当たり前に思って歩いている私には，それは聞こえなかった。聴こうとしなければ聞こえないその微かな音に男児は好奇心を抱き，音を介し，不思議を探索していたのである。

　近年，「幼児は多くの音を聞いていてはいても耳を澄ませて聴いてはいない」「聴くことに向かおうとする姿勢が失われ，身の回りの音への気付きも少なくなっている」といった指摘が少なくない。確かに，そうした側面もあるだろう。しかし，**子どもの生活や遊びの素朴な表現**に目を向けると，子どもが**体の諸感覚を通じて**のものと出会い，音を感受して表現している姿が見えてくる。

子どもの生活や遊び
素朴な表現
体の諸感覚を通じて

　5月の雨上がり，富士山の麓の自然豊かな保育園での事例である。

> **CASE** ♪
>
>
>
> ● 写真 4-1 ● 野中保育園
>
> **水たまりの音**
>
> 　雨上がりの園庭（写真 4-1）に，長靴を履いた女児が大きな水たまりを見つけた。傍にいる観察者に「ペッチョンペッチョンだ」と言いながら，わざと音を立てて水たまりを歩く。そして「どろんこってくっつくんだよ」と話す。しばらくして男児がやってくる。女児が足をパタパタさせて音を立てると，同じ回数だけ男児も足をパタパタさせる。

　泥がはねることが面白いから，水たまりの中に入る。そのときに聞こえる音を「ペッチョンペッチョン」と擬音化し，そして泥が長靴に吸い付くように感じられることを「どろんこってくっつくんだよ」と表現している。また，女児が立てる音を聞いて，同じ速さ・同じリズムで音を立てる。子どもたちは遊びのなかで，しっかりと耳を澄ませ，**環境と対話**し，音を遊びに取り入れ，友だちと**表現を共有**しているのである。

環境と対話
表現を共有

　子どもは，楽音（楽器音や歌声）や身の回りの音を聴き，それについてなんらかの印象を持ち，共鳴し，なんらかの感情を体験し，連想を展開している。このことを筆者は「音感受」とよぶ。音感受は，子どもの素朴な表現にも音楽的な表現の中にも現れる。そして，環境構成と保育者との応答的なやり取りのなかで，より豊かになっていく。

（2）音感受教育

音感受教育

　子どもの音感受の姿に気付くには，子どもの表現の生成過程に目を向けるようにするとよい。音楽表現は，そこに聞こえる音や表現する姿に対して注意が向けられがちである。しかしながら，乳幼児の音楽表現に関しては，表現を生成するプロセスにこそ，着目したい。子どもが音を聞いて何を感じ，何に気づき，どんな感情を抱いているのか。それによって，どのようにイメージを広げ表現のアイディアを見出しているのかなど，表現のプロセスにおける子どもの内面に関心を寄せることで，音

感受の姿がおのずと見えてくる。

　歌唱や合奏の表現活動をする際にも，子どもの「聴く・感じる・考える・工夫する」といったプロセスが成立しているかどうかを振り返るようにしたい。こうした表現のプロセスにおける子ども理解は，保育の質の向上につながるとともに，表現の質を高めることになる。保育者の共感と言葉掛けは，子どもの「表現したい」気持ちにつながる。

　子どもの音楽表現は，多様で即興的である。そうした表現は，豊かな環境のもとでより活性化する。豊かな音環境をデザインするためには，保育者自身の，音に対する感性を磨く必要がある。雨の音や風の音，鳥や虫の鳴き声などに耳を澄ませてみよう。そして，自分がつくり出す音を，聴いてみよう。身の回りには多種多様な音があり，命のある場所には，必ず音が存在するのである。

　豊かな表現とは，多様性であると共に質の深さである。質は，**感性的な出会い**のある環境と，保育者の適切な言葉がけによって深められる。したがって，ふだんから，感じたことや考えたことなどを言語化し，語彙を磨いておくことが重要である。

感性的な出会い

　保育内容「表現」は，「**感性と表現**」と記されている。音感受教育は，子どもと保育者，そして音（楽）環境の三者における，**感性のコミュニケーション**であるといえる。この感性のコミュニケーションが，豊かな表現を紡ぎ出すのではなかろうか。

感性と表現

感性のコミュニケーション

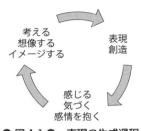

● 図4-1 ● 表現の生成過程

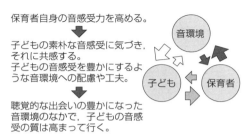

● 図4-2 ● 音感受教育＝美的体験のために

第4章　音感受教育と「表現」　41

2 音・音環境を活かした保育

(1) 音感受教育としての音環境

　幼児教育の基本となる理念の一つに，「**環境を通して行う教育**」がある。授業という形態をもたない保育の営みの中では，子どもは，園内の環境との関わり合いの中で学び，育って行く。たとえば，その場に昔から生えていた樹々については，四季折々の枝の広がりや鳥のさえずり，紅葉や落葉，雨に打たれる音や風に揺られる音といった諸相が，そのときどきの保育のねらいを映し出す**環境＝教材**となる。

　保育者は，子どもたちが常にいろんなモノと出会い，その感性の体験を豊かにして行けるような環境を用意しなくてはならない。そのことは，今，ここにある環境へ意識的に注意を向け，それらを見直すことから始まる。子どもは，自然の，あるいは意識的につくられた環境の中で，まるごと育って行く。教材は環境の中に遍在しているのである。このとき，保育者のわずかな視点の転換や配慮が，幼児の感性の育ちに多大な影響をおよぼす。

> 環境を通して行う教育

> 環境＝教材

(2) 音・音環境を活かした保育の視点

1) 自然の音に出会う

　ある幼稚園では，園庭の木の根元にロープが張られ，立ち入り禁止スペースがつくられていた。わざわざ雑草を生やしているのである。しかも，「風に運ばれてきた種子が芽を出して成長するのを待っている」と言う。雑草が生えれば，そこに虫が飛んでくる。草が生え，虫が集まれば，そこに生命の息吹が聴こえるようになる。その過程を観察する子どもたちには，自然への好奇心と愛着，尊敬の気持ちが育まれることであろう。そよぐ木の葉の音から，子どもは風の強弱を感じ取るかもしれない。虫の声を聴き，四季の移ろいを感じることもあるだろう。鳥の声は，鳥たちのおしゃべりと聴こえるかもしれない。こうした体験を重ねるこ

> 自然の音

とで，子どもたちは，風の音や虫や鳥の鳴き声を，単に物理的な音として知覚するのでなく，生命の響き合う音として感じるようになる。

2）表情豊かな声に出会う

表情豊かな声を聴くことを通し，子どもは話者の感情や意図を感じたり考えたりする。そうすることで，どのようにして感情を音声に込めるか，学んでいるのである。表情豊かに語りかけたり歌いかけたり，あるいは子どもの話に応えたりしながら，保育者自身が自分の音声を意識することで，子どもたちの感性的な出会いを保障する音環境をつくって行くことができる。

表情豊かな声

● 写真 4-2 ●　わらべうた遊びのなかで育まれる豊かな感性（八木保育園）

3）自分の動きがつくり出す音に出会う

保育室の音環境については，その劣悪な騒音性が指摘され，近年，防音材・吸音材などが使用されるようになってきた。身の回りの繊細な音や，コミュニケーションにおける音声の微妙なニュアンスを感受するには，静かな音環境への配慮が必要である。その一方で，自らの生み出す音に気づく環境を整備することもまた大切である。体の動きに合わせて音が響くことが，リズミカルに動くことの面白さを引き出す。また子どもたちは，その場の音の響きを遊びのなかに取り入れて楽しんでいるからである。静けさは重要であるが，**響きの多様さ**もまた音環境の大切な構成要素である。

自分の動きがつくり出す音

響きの多様さ

4）楽器の音に出会う

楽器の音色との出会いは，子どもにとって魅力的なものである。初めて見る楽器とその非日常的な響きは，子どもの想像力をかきたてる。遊びのなかで楽器を手に取り，思いのままに音を出してみようとする子どもがいれば，その音に誘われるように子どもたちが集まってくる。そうなれば，自然と「合奏」が始まることだろう。子どもたちにとって，友だちと音を重ね合わせるのはたいへんに楽しい体験である。違った音色を重ねることで生まれる音を発見する好奇心が育まれて行くというのは，こうした体験を通じてのことである。子どもは，自由な探求を通じ，楽

楽器の音色

第4章　音感受教育と「表現」　43

器について多くのことを学ぼうとする。さまざまな楽器と親しみ，それらの音色を感受することは，音に対する想像力を豊かなものにする。

5）心の中の音に出会う

心の中の音

「今，ここ」に鳴り響いてはいないけれど，何かしら音を想い出すことのできるような環境もまた，音環境の一種である。よく知っている音を思い浮かべることもあれば，実際に聴いたことのない音であっても，その響きを「耳の目」で思い描くこともできるだろう。物語に没頭する子どもの脳裏には，音が聞こえているかもしれない。子どもの想像のなかの音は，それまでにインプットされた音や，それらの組み合わせによって連想され，創造されて行く音環境である。心のなかに音をイメージすることで，実際に響く音の聴き方やその感受の中身も深まって行く。

6）感性の言葉に出会う

感性の言葉とは，**擬音語・擬態語**のことをいう。それは，聴こえて来る音と表現したい音とのあいだを埋める言葉である。

擬音語
擬態語

ミニカーで遊ぶ2歳の男児は，「ドイージャー，ドイージャー」と声に出していた。彼が手に持っていたのは，ショベルカーである。耳を澄ませると，窓の外で護岸工事のショベルカーの音が，確かに「ドゥィーンジャー」と響いていた。こうした感性の言葉の表出（音の擬音化）は，豊かな音環境において，多いに発揮される。このとき保育者は，子どもたちのとらえる音の感触に**共感**する存在であってほしい。子どもたちは，

共感

自分の表現に共感してもらうことで，擬音語・擬態語を生み出す喜びと自己の感性を表現する意義を感じることができる。

③ 音感受教育の実際

（1） 音の正体を考える（仁慈保幼園）

ピアノは，子どもにとって身近な楽器である。しかし，その中を見る

ことはほとんどない。「ピアノの中は，どうなっているのかな？」とい
う声かけが，子どもたちの好奇心をくすぐった。鍵盤を抑えると音が聞
こえるが，それは鍵盤が鳴っているのでない。どうやら，この見えない
箱の中に何かがありそうだと，5歳児がピアノの中の想像図を描いた。

　そして，蓋を開けてみる。幾つもの弦があって，太くて長い弦が低い
音を鳴らし，高い音の弦は細くて短いということに気付く。また，鍵盤
を抑えるとハンマーが動き，それが弦を鳴らして音の出ることがわかる。
子どもたちは，発音の仕組み＝楽器の音の出る仕組みに興味を広げつつ，
しっかりと音を観察する。

（2）　この色は，なんの音？（仁慈保幼園）

　色水遊びをしていたある日，3人の子どもたちが色水のセットをピア
ノのそばに持って来てなにやら喋っている。「この色は，この音！」，
「こっちは，この音！」，「いや，ちょっと違う！」……そう言いながら，
自分たちがつくった色水に合う音を探している様子。子どもたちは，
「同じ緑色でも，濃さが違うと音も違うよなあ」といった会話もしてい
た。

　音を感知するのは，聴覚だけではない。音には触れることができる。
音は振動によって伝わるからである。そして音は，見ることもできる。
それは，発音の仕組みや振動といった物理的な状態を見るということだ
けでなく，音の色や音の景色を，心の目で見るということでもある。

（3）　音感受の育ちと保育者の役割

　上述の二つのエピソードは，音感受教育を意識して行ったものではな
い。しかしこれらの背景には，0歳の時からの丁寧な音感受教育がある。
たとえば，雨の日にビニール傘を窓辺に置き，雨の音がしっかりと届く
ような工夫や，さらにその傘に絵の具を垂らし，雨を目に見えるような
工夫，風の通り道にモビールを下げて風の音を届けるなど，子どもが体
の諸感覚を通して身の回りのものと関わり，対話するような環境構成が
あるのだ。写真は，この園で描かれた**ウェブ図**である。**環境構成**が，子
どもの表現や気付きを引き出すためではなく，子どもが何に興味を持ち，

ウェブ図
環境構成

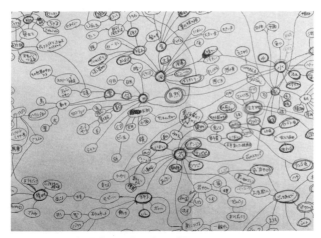

● 写真 4-3 ● ウェブ図（仁慈保幼園）

何を感じたり考えたりしているのかという**子ども理解**を基盤にしていることが見て取れるだろう。こうした保育の積み重ねが，豊かな感性を育み，主体的な表現を導いているのである。

　　　　　　　　　　　　　　　　　　　　　　　　　子ども理解

【引用・参考文献】
1） 吉永早苗『子どもの音感受の世界―心の耳を育む音感受教育による保育内容「表現」の探究』無藤隆監修，萌文書林，2016 年
2） R. M. シェーファー・今田匡彦『音さがしの本―リトル・サウンドエデュケーション増補版』春秋社，2009 年

お薦めの参考図書

① 無藤隆編著『10 の姿プラス 5・実践解説書』ひかりのくに，2018 年
② カンチェーミ・ジュンコ，秋田喜代美編著『子どもたちからの贈りもの―レッジョエミリアの哲学に基づく保育実践』萌文書林，2018 年
③ 日本赤ちゃん学会監修『乳幼児の音楽表現：赤ちゃんから始まる音環境の創造（保育士・幼稚園教諭養成課程）』中央法規出版，2016 年
④ 宮里暁美監修『子どもの「やりたい！」が発揮される保育環境』学研プラス，2018 年

まとめ

1 子どもは楽音（楽器音や歌声）や身の回りの音を聴き，それについてなんらかの印象を持ち，共鳴し，なんらかの感情を体験し，連想を展開している＝音感受

2 子どもの生活や遊びの素朴な表現に目を向けると，子どもが体の諸感覚を通じてのものと出会い，音を感受して表現している姿が見えてくる。

3 子どもたちは遊びのなかで耳を澄ませ，環境と対話し，音を遊びに取り入れ，友だちと表現を共有している。

4 乳幼児の音楽表現に関しては，表現を生成するプロセスに着目したい。子どもが音を聞いて何を感じ，何に気づき，どんな感情を抱いているのか。それによって，どのようにイメージを広げ表現のアイディアを見出しているのかなど，表現のプロセスにおける子どもの内面に関心を寄せることで音感受の姿が見えてくる。

5 音感受教育は，子どもと保育者，そして音（楽）環境の三者における，感性のコミュニケーションである。

6 音・音環境を活かした保育のために，「自然の音」「表情豊かな声」「自分の動きがつくり出す音」「楽器の音」「心の中の音」「感性の言葉」といった視点からの環境構成が考えられる。

7 乳幼児期の感性的な出会いの経験は，子どもが音楽をどのように表現したいかという思いや意図の中に音風景の連想を紡ぎ，音に彩を添えるだろう。

第**5**章

美術教育と「表現」

　幼稚園・小学校や小学校・中学校の**連携教育**などが盛んである。これ
は，**小1プロブレム**や中1ギャップの解消という直近の課題の他に，学
校教育修了後も何らかの生涯学習に携わる道筋をつけるためでもある。
保育内容「表現」で学んだ内容は，究極的にはそのような生涯学習につ
ながるべきだろうし，その意味で重要になる。

　そこで本章では，保育内容「表現」を含む造形表現・教育について，
小学校図画工作科との関連を含め考えたい。このように視野を拡げて考
えることで，あらためて保育内容「表現」における造形表現の意義と役
割が理解できるだろう。

連携教育

小1プロブレム

1 美術教育と想像力

（1） "ヒトの表現" には何が必要か

　まず，"ヒトの表現" に必要な能力とは何か？という根本的な問いに
ついて考えてみよう。

　この問題は近年，比較認知科学や認知心理学などの実験領域でその解
明がめざされている。たとえば京都大学霊長類研究所の元所員齋藤亜矢
氏（現京都造形芸術大学）は，幼い**チンパンジー**に絵を描かせ，同年齢の
人間の幼児の絵と比較する実験を行っている。

　人間もチンパンジーも，2歳頃までは似たような**スクリブル**（なぐり
がき）を描く。チンパンジーもヒトと同じように，ペンで遊ぶうちにペ
ン先が紙につくと跡が残ることに気づき，ペン先を紙につけながら動か
し，描線が現れることを体で覚えていく。

　ところが3歳児頃になると，両者には決定的な違いが表れてくる。齋

チンパンジー

スクリブル

● 写真 5-1 ●　人間の 3 歳児が描いた絵　　　　● 写真 5-2 ●　輪郭をなぞったチンパンジーの絵

　藤氏は 3 歳児のヒトの幼児とチンパンジーに，チンパンジーの顔の輪郭だけを描いた画用紙を与え，両者の比較を行った。ヒトの 3 歳児では，その輪郭を"顔"として認識し，ない目や鼻，口などを描き入れた。ところがチンパンジーは，なぐりがきこそ描かなかったものの，短い線を重ね，顔の輪郭線をなぞったのである[1]。

　この違いは何を意味するのだろうか。ヒトの幼児はこの頃から，「今，ここにないもの」を想像する力，イメージする力が芽生えてくる。一方チンパンジーは，「今，ここにあるもの」をなぞる，**模倣**する表現にとどまる。そう，ないものを思い描こうとする**想像力**こそが，"ヒトの表現"に必要な能力なのである。

模倣

想像力

（2） 子どもの想像力と大人の想像力

　幼児は，描く行為そのものに楽しさを見出した後，想像力がめばえ，物の見立てで新たなイメージを発見するようになる。そのような幼児の個性的でダイナミックな絵を見た大人はたいてい，「自分には思いつかない発想（想像力）」と賞賛する。

　一方で自分が描く表現については，「発想が乏しい」「描くものが思いつかない」などと言う。これは，美術に苦手意識をもつ多くの大人が思春期以降の**「写実主義」**（再現性の高い絵を価値基準とする考え）から抜け出せないことに大きな原因がある。しかし心理学者の**ヴィゴツキー**（Vygotsky）も言うように，「想像力」は年を重ねるにつれ「失われていく」のではなく，「一時的に退行する」に過ぎない。なぜなら，想像力の

写実主義

ヴィゴツキー

第 5 章　美術教育と「表現」　49

根底には経験の蓄積が必要であり，本来経験が豊かな大人の方が，子ども以上に想像力を発揮できる可能性を秘めているからだ[2]。

　筆者が担当する教員養成課程の授業では，再現性の高い作品（写実的な絵）以上に，学生自身の感覚や感情を意識的に色や形で表現する課題を与えることが多い。たとえば**「喜怒哀楽」**という感情。それらを個々の物（たとえばリンゴ）に託してクレパスや絵の具などで表現させる。その際，携帯メールの絵文字のような擬人化をせず，自分の感情を色と形だけで画用紙にぶつけていく。そうすると，「怒」と「哀」はイメージしやすいが，「喜」と「楽」の違いを表現することが難しいことなどに気づく。そこで，自分の経験や感情に真剣に向き合う必要が出てくる。

　大人は自分の想像力を，子どもの想像力と同じようには発揮できない。しかしこのように意識的に"見えないもの"を表現することは，幼児期の感覚や感性を少しでも取り戻すきっかけになる。そして教員養成課程で求められる表現力が，芸術家の育成ではなく，子どもの表現に寄り添い，共感するために必要な感受性を養うためのものであることが理解できるだろう。

● 写真 5-3 ●　「喜・怒・哀・楽」を表現する

喜怒哀楽

2 図画工作科「造形遊び」との関連

（1）図画工作科の学習内容「造形遊び」

1）図画工作科低学年の目標

　小学校 6 年間で育む現行の**図画工作科**の目標は，「表現及び鑑賞の活動を通して，造形的な見方・考え方を働かせ，生活や社会の中の形や色などと豊かに関わる資質・能力」の育成である（新学習指導要領（平成29）小学校図画工作科の目標から。移行期間は平成 30，31 年度）。

　この目標には，図画工作科で行われる活動，それらを通して育む態度，

図画工作科

培う能力，養う人間性が示されている。このような教科全体の目標に基づき，小学校6年間の学習の形成過程における指導の目標が，低，中，高の2学年ごとに段階的に設定される。ここでは低学年（1，2年）の目標をあげる[3]。

図画工作科・低学年の目標

(1) 対象や事象を捉える造形的な視点について自分の感覚や行為を通して気付くとともに，手や体全体の感覚などを働かせ材料や用具を使い，表し方などを工夫して，創造的につくったり表したりすることができるようにする。

(2) 造形的な面白さや楽しさ，表したいこと，表し方などについて考え，楽しく発想や構想をしたり，身の回りの作品などから自分の見方や感じ方を広げたりすることができるようにする。

(3) 楽しく表現したり鑑賞したりする活動に取り組み，つくりだす喜びを味わうとともに，形や色などに関わり楽しい生活を創造しようとする態度を養う。

2）図画工作科低学年の学習内容

図画工作科の学習内容は，「表現」と「**鑑賞**」に区分される。そして「表現」の領域では，「**造形遊び**」を通して「つくる」ことと，「絵や立体，工作」に「表す」ことの2つの学習内容が示されている。材料体験を基にした造形活動は，学習指導要領上では「造形遊び」という名称で位置付けられている。この「造形遊び」は，昭和52年度版学習指導要領で初めて登場した内容で，子どもひとりひとりのその子らしい造形表現のありようを大事にするという発想から誕生した[4]。

鑑賞

造形遊び

保育内容「表現」においても，このような「つくる」「表す」造形活動は頻繁に行われる。各園のカリキュラムによってその具体的内容や配列は異なるだろうが，中でも大きく関係するのがこの「造形遊び」である。この「造形遊び」への理解は，「表現」を総合的にとらえる幼稚園教諭にとっても重要になる。

（2）「造形遊び」の特徴

「造形遊び」は，幼稚園と小学校，そして小学校と中学校の美術（表現）教育における連携・接続を円滑にする要となる実践領域と言える。ここでは「造形遊び」の特徴を，「子ども中心主義」「材料・場所」「行

為・試行性」「社会性」に分け，確認したい。

1）子ども自らが考える―子ども中心主義

> 子ども自らが考える

「作品主義」という言葉にあるように，ともすれば図画工作では教師が理想とする作品モデルを示し，技能的レベルの高い作品が求められてきた。そこでは，過度の指導，作品の画一化や類型化，発達段階を越えた描画技術，苦手意識をもつ子どもの増加といった問題点が指摘された。造形遊びでは，このような状況を改善するため，子ども本来の姿を大切にする姿勢，子どもがやってみたいことや楽しいと思うことをまず認めるという考え方が重要になる。

ただしそれは「放任主義」ではなく，子ども自らが考えるために待つ姿勢をもちつつ，支援者や提案者として積極的に子どもと関わる。すなわち，教師は多様な材料・用具や表現方法に対応するようにし，子どもの創意工夫を引き出すよう積極的に支援する。

2）材料・場所

> 材料・場所

画用紙やクレパス，絵の具などのおきまりの材料だけでなく，身近な材料を集めて活用する。たとえば土・砂・石・木・実・葉・花・貝殻などの自然材料や，ビニール・プラスチック・発砲スチロール・紙・段ボール・空き缶・布などの人工材料がある。また，水や太陽の光などの形が変化する自然材料もある。「この材料を使ってどのような活動や表現ができるか」「自分の表現に適した材料として何がよいか」（選択性）を子どもたちが工夫をする。いろいろな材料を使えば，必要な用具も多様になる。

場所は，図工室，教室，廊下に加えて，体育館，階段やピロティー，校庭，運動場，ベランダ，プール，里山，公園，河原，浜辺などがある。校庭や運動場でも，地面，砂場，コンクリート，樹木，遊具などいろいろな場所の活用の仕方がある。

● 写真 5-4 ● プロセスを重視する造形遊び

3）行為・試行性—過程での創意工夫

行為・試行性

　従来の図画工作科では，教師から完成作品が示され，それをお手本にする指導が行われることが多かった。「造形遊び」では，つくる過程での子どもの創意工夫が大切にされており，イメージを広げながら表現していく。プラモデルや料理番組のように，あらかじめ手順や方法が明らかではないところに面白さがある。

　日常生活でも，スムーズに物事が進む場合よりも，むしろ戸惑ったり困難に出くわしたりする場合の方が身につくものが多い。そのような探索的な過程での創意工夫は，心理学でもメタ認知として注目されている。いろいろな材料や場所の中から選択して表現する際には，手や体全体の感覚を使う。そして並べる，つなぐ，包む，積む，重ねる，組み合わせるといった試行によって，造形遊びでは発想や構想を広げていくことができる。

4）社　会　性

社会性

　美術や教育の分野ではコラボレーションやワークショップといった用語が一般化し，学校の図画工作の授業でも，友達と共同でつくる，鑑賞活動を通して友達のよさを学び合うことが行われている。材料や場所に働きかける中で，友達の姿を見たり，一緒に話し合ったりして交流する場面が多くある。子どもたちは，将来生きていく中で協力したり，友達から学んだりする。とくに「造形遊び」では，相互に交流しながら多様な材料・用具・場所を活用するので，表現や鑑賞の活動を通して社会性が培われることになる。共に活動する過程で，発見する・工夫する・伝える・話し合う・力を合わせる・認め合う・振り返るといった場面が出てくるはずである。

第 5 章　美術教育と「表現」　**53**

3 保育で実践する「鑑賞と表現の一体化」

(1) 幼児造形における鑑賞教育の意義

> 鑑賞と表現の一体化

小学校の図画工作科では、手や道具を使って材料を扱いイメージを操作し、感情や思考を表現する活動と、感覚や知識を統合し感性を働かせて作品から感情や思考を読み取る鑑賞の活動が一体的に行われる。これは、保育内容「表現」の活動とけっして無関係ではない。

保育内容「表現」では、音楽的活動や造形的活動、あるいはそれらの複合的活動など、さまざまな活動が実践される。しかし鑑賞活動は（子ども同士の作品を除き）、これまであまり実践されなかったのではないだろうか。昨今、美術館教育の試みとして**対話型鑑賞**が盛んに行われており、そこでは園児や小学生、中学生を対象にしたワークショップ形式による取り組みが見られる。しかしそのような活動は、保育や授業のカリキュラムとして明確に位置づけられているわけではない。

> 対話型鑑賞

子どもの絵の表現を見ていくと、個人差はあるものの、基本的には同じ発達の道筋をたどっていく。子どもみずからが生まれながらにして内在するプログラムとさまざまな体験や学習によって、日々成長している。その基本として、造形活動では次のような関係をおさえておく必要がある。

● 図5-1 ● 子どもの造形表現の発達

ここで強調したいのは、上記図中の「体験の充実」の一つとして、**名画の美術鑑賞**（能動的に「みる」行為）があげられることである。描いたりつくったりする活動と同様、鑑賞活動もまた「思考力」や「観察力」を必要とする能動的な活動である。さらに視覚的イメージは幼児の記憶

> 名画の美術鑑賞

に残りやすく，自分の表現活動に生かすための豊かな素材になる。

（2）「鑑賞と表現の一体化」の事例

ここでは筆者による，「鑑賞と表現の一体化」をはかる**出前保育**の事例をとりあげる[5]。

出前保育

- 対象園児：年長組（20名）
- 場所：視聴覚ルーム　　・時間：45分間
- 活動名：いとうじゃくちゅうさんの「ちょうじゅうかぼくずびょうぶ」であそぼう

1）作品について

作品は，18世紀に京都画壇で活躍した**伊藤若冲**の作品『鳥獣花木図屏風』（江戸時代 168.7×374.4 cm エツコ＆ジョー・プライス・コレクション）

伊藤若冲

若冲は裕福な青物問屋の長男として生まれ，生涯絵を描くことに没頭した。動植物を多く描き，とくにニワトリを描いた絵が有名である。

『鳥獣花木図屏風』は，若冲作品の中で最も知られる一作。ゾウ，キリン，ヒョウ，ニワトリなど，数十種類もの動物たちで賑わう楽園が一対の屏風にカラフルな色彩で描かれている。児童画的表現にもつながる若冲絵画特有の構想力や表現力があることから，この作品を選定した。

2）これをめざして

伊藤若冲の作品に見られるユニークな動物について，自分が空想したことや感じたこと，よいと思ったことなどについて意見を言える。また自分が興味のある画中の動物を参考にしながら，自分なりの動物を描くことができる。

3）保育上の注意点

幼児の場合，他人の見方をあまり意識しない場合もある。友達が話すのを聞く姿勢も大事にさせながら，自分の想いや気づきを口に出したことを受容してあげることを大切にしたい。

また，あらかじめ幼稚園の先生と綿密な打ち合わせを行い，どのよう

第5章　美術教育と「表現」　55

な言葉で語りかけることが望ましいのか等について十分にイメージしておく。その他の具体的な支援・注意事項は以下の通り。

　①一時に一事を指示する。

　②発問や指示は，できる限り短く限定する。

　③内容に応じた場所・時間・物を与える。

　④空白の時間をつくらない。

　⑤活動の途中で，何度か達成の度合いを確認する。

4）出前保育の様子

展開1	園児の様子
大画面のスクリーンで『鳥獣花木図屏風』を見せる。色華やかな作品にみんな驚く。「何これ〜」と叫ぶ子も。「絵の中にはなにがいるかな？」と質問すると，みんな天井につきささるように真っすぐ手をあげる。サル，うさぎ，うま，はりねずみなど，小さな目立たない動物の名前をあげる。中には「神社のこま犬！」と言う子も。意外にも，一番目立つゾウは出てこない。動物の種類以外についても色々な意見がでた。「トラが（木の後ろから）ウサギを（食べようと）ねらっている！」「木のサルがリンゴをとろうとしている」など，動物の動作に関する意見が出た。	

展開2	
グループ（4人1組）になり，実際に屏風形式で複製画を鑑賞する。絵の中の事物についてだけでなく，色や背景を注意深く見ることで発見した意見が出始める。「黄色や青，赤，茶色をいっぱい使っていて，とてもきれい」「トラの顔がネコみたい」「向こうに見える海？の陸地には雪がつもっている」等々。また，8万6千以上あるといわれる「マス目描き」に気づいた園児もいた。「目がちかちかする」「色がはげ落ちているところがある」「茶色の線や黒の線を使っている」などの意見も出た。また，次第に若冲が考えた空想上の動物をみつける園児もでてきた。	

展開3	
個別鑑賞の後は，画用紙に「自分の好きな動物」をペンを使って描く活動に入る。若冲の絵を見ながら，それぞれびっくりするくらい上手にアレンジして動物を描き上げる。園児の描画活動の多くは，生活体験場面を対象にしているが，今回はそれを日本の古典絵画で挑戦させた。ゾウやロバ，甲羅のついたウサギなどをただ写し取るのではなく，園児自身の想像力を使ったユニークな作品が続出する。最後は輪郭線より少し大きめにハサミで切り取り，扇に両面テープではりつける。うまくハサミが使えない園児には，個別の支援をしていく。大中小とヴァリエーションに富んだ色や形が一杯の扇が完成。	

5）実践を終えて

　園児の表現活動は，人間関係や自立に関わる成長の課題と密接なつながりがある。近年の幼児教育研究においても，「幼児期における**自己制御機能（自己主張・自己抑制）の発達**」という視点から研究が行われている。しかし表現の前提とも言える「見る」活動については，幼児教育研究ではほとんど進んでいないのが現状である。その意味でも，このような実践は意義があるのではないかと考える。

自己制御機能（自己主張・自己抑制）の発達

【引用・参考文献】
1）齋藤亜矢『ヒトはなぜ絵を描くのか―芸術認知科学への招待』岩波書店（岩波科学ライブラリー221），2016年，pp. 32-35
2）池永真義編著『図画工作・美術科 理論と実践 新しい表現と鑑賞の授業づくりのために』あいり出版，2016年，pp. 6-7
3）文部科学省『小学校学習指導要領・図画工作編』2018年，p.9
4）前掲書，p.50
5）池永真義・東藤弥生・橋之爪美砂『異校園種連携で支える幼稚園児の鑑賞共有表現活動（Ⅰ）―中学校美術科・鑑賞領域と幼稚園・表現領域のクロスカリキュラム』エデュケア，2014年，pp. 67-77

お薦めの参考図書

① 結城昌子構成・文『小学館あーとぶっくシリーズ ゴッホの絵本 うずまきぐるぐる』小学館，1993年
② 花篤實監修，永守基樹・清原知二編『幼児造形教育の基礎知識』建帛社，1999年
③ アメリア・アレナス『みる・かんがえる・はなす 鑑賞教育へのヒント』木下哲夫訳，淡交社，2001年
④ 相良敦子『お母さんの「敏感期」モンテッソーリ教育は子を育てる，親を育てる』文藝春秋，2007年
⑤ 槇英子『保育をひらく造形表現』萌文書林，2008年

まとめ

1 保育内容「表現」で学んだ内容は，後の学校教育だけでなく，生涯にわたって自ら主体的に学ぶ生涯学習につながる基礎となり，保育者にとっても，広い視野から「ヒトの表現」について考える視点が大切になる。

2 ヒトの幼児とチンパンジーの描画発達の比較からもわかるように，"ヒトの表現"に必要な能力は「今，ここにないもの」を想う力，つまり想像力である。

3 大人の想像力と子どもの想像力は同じではないが，（「喜怒哀楽」など）意識的に"見えないもの"を表現することは，幼児期の感覚や感性を取り戻すきっかけとなる。また子どもの表現に寄り添い，共感するために必要な感受性を養うことにもなる。

4 小学校との円滑な連携教育のためにも，図画工作科の教育目標や学習内容を理解することは大事であり，その中でも身体や五感を十分に使い，豊かな材料体験を基本とする「造形遊び」の理解はとくに重要になる。

5 「造形遊び」の特徴には，「子ども性」「材料・場所」「行為・試行性」「社会性」などがあり，それらは保育における造形的活動と重複する部分が多い。

6 子どもの造形能力の発達は，諸機能の発達（認知機能，運動機能，感性・社会性）と体験の充実と大きくリンクする。そして「体験の充実」の一つとして，表現の基礎となる「鑑賞」（能動的に見る活動）が保育においても有効になる。

7 保育で「表現と鑑賞の一体化」をうながす方法として，幼児が親しみを持てる名画を対話型で鑑賞させる活動は，（名画鑑賞は幼児に馴染まないのではという）大人の先入観に反して効果的である。

第6章
保育内容領域「表現」の指導計画と評価

 1 保育の指導計画と保育内容領域「表現」

　保育は子どもと保育者が出会い，人と人との触れ合いの中で育まれていく創造的な活動である。その活動を支えていくものが，指導計画である。指導計画は保育の一定の計画性や目標・ねらい，そして内容と方法についての柱となるものである。

　保育は総合的な営みであるため，領域「表現」だけを切り離して指導計画をつくることはできない。5つの領域との交わりの中で考えていく必要がある。そのためにもう一度，現行の**幼稚園教育要領**や**保育所保育指針**に立ちかえって計画の柱となる考え方を学んでおきたい。とくに今回新しく改訂され，導入された「**幼児期の終わりまでに育ってほしい姿**」を意識して指導計画が立てられるとよいだろう。

幼稚園教育要領
保育所保育指針

幼児期の終わりまでに育ってほしい姿

（1）指導計画作成のポイント

　現行の幼稚園教育要領[1])の示す指導計画の留意事項を簡単にまとめると次の3つのポイントがあげられる。

> ① 園生活における子どもの発達の過程を見通すこと。
> ② 子どもの生活の連続性，季節の変化などを考慮すること。
> ③ 子どもの興味や関心，発達の実情などに応じて環境を構成すること。

　保育者は一人ひとりの育ちをみとめ，発達の過程を見通しながら活動を考えていかなければならない。また，一年を通して生活の中に自然の変化を取り入れ，子どもの興味や関心に沿った環境を設定することも大事である。指導計画は日々の子どもの姿を通して作成していくことが重要なポイントである。

（2） 指導計画作成の手順

　上記のねらいを押さえながら，指導計画作成の具体的な手順を示すと図6-1のようになる[2]。

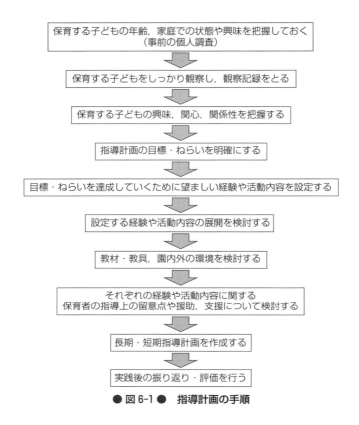

● 図6-1 ●　指導計画の手順

　図6-1に示したように，観察から始まり，評価に終わるといったこの繰り返しが，より深く子どもを理解することにつながり，実践にともなった指導計画につながっていく。子どもの姿から何が良くて何が足りなかったのか，また子どもの思いとちがったことは何であったのかなど，子どもの事実と保育の内容を振り返りながら保育者が自己評価していくことで保育の内容が深まり，子どもに根ざした指導計画[3]が作成できるようになる。

（3） 観察とドキュメンテーション

　子どもに根ざした指導計画，つまり「子どもの事実から出発して子ど

もに帰る」保育をするためには，子どもの姿をしっかり把握しなければ
ならない。そのためには確かな観察と記録の方法が必要である。子ども
の事実を正確に捉える方法として，イタリアの**レッジョ・エミリアアプ
ローチ**の中で行われている「**ドキュメンテーション**」[4]の考え方を紹介し
たい。

レッジョ・エミリアアプ
　ローチ
ドキュメンテーション

1）ドキュメンテーションとは

　教育的なドキュメンテーションとは簡単に言うと，子どもたちの活動
のプロセスを保育者が子どもの言葉やつぶやきを書き留めたり，活動の
様子や作品を写真に撮ったりして記録し，保育者の思いや考えを添えて
作成した文書のことである。

2）ドキュメンテーションの特徴

　ドキュメンテーションの特徴は，活動（遊びや学び）のプロセスが誰
にでもわかりやすく見えるということである。子どもや保護者が見ても
分かるような形で示されているので，子ども・保護者・保育者，そして
時には地域の人々をつなぐ道具となることもある。また，保育者はドキ
ュメンテーション作成を通して，子どもたちに関する理解を深めたり，
関わり方を振り返ったりして，保育の質向上をはかっていく。

3）ドキュメンテーションの目的

　ドキュメンテーションの目的を簡単にまとめると次のようになる。

---

①　子どもの活動（遊びや学び）のプロセスを明確化する。
②　保育者の教育的プロセスや考えの道筋を明確化する。
③　子どもたち，保育者，そして保護者にも活動（遊びや学び）のプロセスがは
　っきり見えるようにする。
④　子どもが自分に対する信頼と自己像をもつように援助する。
⑤　保育者としての役割を見直し，改善するための手立てとする。
⑥　保育者同士が，教育的な仕事について討論する際のたたき台となる。

　以上ドキュメンテーションについて簡単に述べたが，ドキュメンテー
ションを作成することによって，保育者は観察力が磨かれ，子ども理解

が深まっていく。また，活動のプロセスを省察し，関係性を整理していくいことで，次の活動への展開や指導へとつなげ行くことができるのである。子どもに根ざした指導計画を作成するためには，この方法はたいへん有効に思われる。

（4） 領域「表現」における指導計画作成

これまでにあげてきた指導計画作成のポイントを考慮して，領域「表現」における指導計画作成について考えていきたい。

まず，年間カリキュラムといった**長期指導計画**では，子どもを見守りながら自主性を育てていく保育と積極的に関わって経験させていく保育をどう配列し，組み込んでいくかが大きな課題である。幼児教育の目標である「心情」「意欲」「態度」を育てるということを根底に考えると，まず子どもたちに「表現することは楽しい」ということを感じてもらい，意欲や興味を持たせる「**自主性を育てる保育**」を主にし，その後つくったり，歌ったり，踊ったりといった表現することで達成感や喜びを感じる「**経験させる保育**」を組み込んでいくことが大事である。このように「自主性」と「経験」を年間通して繰り返すことで，表現する力が育っていくのである。その組み方に関しては，園の方針や環境，行事や地域との関わりなどさまざまな条件を考慮して考えていかなければならない。

月案・週案・日案といった**短期指導計画**の中では，個々の子どもの育ち，集団の育ち，興味関心，技術的な経験を考慮しながら，子どもの観察を通してつくっていくことが大事である。先にも述べたように，子どもに根ざした指導計画を作成するには，まず子どもから学ぶ，ということを忘れてはならない。

> 長期指導計画

> 自主性を育てる保育

> 経験させる保育

> 短期指導計画

2 保育の環境構成と保育内容「表現」

感性を育てる魅力的な環境とは，ただ単に新しい遊具や玩具を準備することではない。❶(1) の指導計画作成のポイントであげたように，発達の過程，季節の変化，興味や関心などに応じた環境を整えることが，

62 第Ⅰ部 理 論 編

魅力的な環境構成の基礎である。そのためには，指導計画と同様に，まず子どもたちの日常の遊びをよく観察することが大切である。豊かな表現活動は，豊かな遊びの中から生まれてくる。ここでは，遊びを通した表現活動を支える環境構成について考えてみたい。

(1) 戸外環境

　子どもたちの遊びは，社会状況の変化と共に**野外遊び**から室内遊び中心に変わりつつある。だからこそ土や砂，水や泥といった自然物に直接触れられる環境が必要である。また，草花や木々，その中で生活している虫や小動物といった生物との出会いは，子どもたちにとって貴重な経験となる。ここでは豊かな**自然環境**を園庭にとりいれた幼稚園の事例を紹介したい。

> **CASE**
>
> **自然豊かな園庭**
>
> 　園庭は，高木，低木が79種類約2,000本，草木約1,000本，ドングリのなる木14種類，その他食べられる実のなる木も多数あり，森全体が，探索できる遊び空間になっている。自然の傾斜を利用したすべり台やアスレチックなど，北欧の保育現場でみられる冒険の遊び場のような空間が特徴である。子どもたちはここで季節の変化を感じながら，身近な自然の中で表現する力を磨いていく。
>
>
>
> ● 写真7-1 ● 木々には鳥の巣箱が取り付けてある　　● 写真7-2 ● 自然の傾斜を利用したすべり台
>
> （事例協力：関西学院幼稚園）

野外遊び

自然環境

（2） 室 内 環 境

　子どもたちがイメージしたことを自由に表現できるためには，活動に応じたスペースと材料や道具が必要である。**造形活動**では，目的に応じた材料や道具の配置また，それを活用できるスペースをどう構成していくかが重要になってくる。子どもの活動は流動的であるから，活動の流れによって構成も変わっていく。日々の活動を観察しながら，子どもと共に**環境構成**を考えていく事が望ましい。また，遊びの流れから次にこのような素材が必要になるかもしれないという保育者の先を見通す力も必要となってくる。劇ごっこなどつくる活動から見せる活動に発展していくような活動では，つくるスペースから発表できるスペースへと**保育室をデザイン**していくことが大切である。また，つくることが中心となってきた活動に関しては，でき上がった作品をどのように展示していくかも重要である。子どもの作品には，遊びこんでなくなってしまうものと飾って欲しい鑑賞対象となるものがある。保育者はそのときの子どもの思いを受けとめたうえで，保育室をデザインしていかなければならない。

造形活動

環境構成

保育室をデザイン

3 保育の評価と保育内容領域「表現」

　保育における**評価**は保育活動全般に関わって行われる営みである。取り組んだ内容がよかったのか，そうでなかったのかを振り返り，子どもたちの活動が停滞した原因を明らかにすることで，次の保育につなげていくことができる。また，一人ひとりの子どもを共感的に評価することによって子ども理解を深めていく。重要なことは評価が活動の結果や子どもの格付けをするものではないということである。

　ここでは保育活動をより充実させていくためのさまざまな評価の視点について考えてみたい。

評価

64　第Ⅰ部　理　論　編

（1） 子どもの目線に立った評価

　表現活動での評価と聞くと，作品や発表会の出来の良し悪しを決める印象があるがそうではない。一番大切なことは，出来た作品より，いま目の前にいる子どもたちが活動を通して何を感じてきたのか，何を考えてきたのか，そして一人ひとりがどのように活動に関わり，**自分らしい表現**が出来たかを知ることである。また，保育者は子どもの目線に立って，子どもたちが活動に取り組んだ**プロセス**を振り返りながら，次の保育の組み立て，つまり指導計画を立て直していかなければならない。保育は LIVE（生き物）である。目の前の子どもたちと共感して共につくり上げていくために，子どもの目線に立った評価ができるように心がけたい。

自分らしい表現

プロセス

（2） 保育者自身の指導評価

　これまで作品よりもプロセスの大切さを述べてきたが，作品が指導の結果でき上がるものであることも事実である。一人ひとりの子どもたちの作品と向き合い，保育者自身が自分の**指導評価**をしていくことは大事である。また，このことが保育指導の改善にもつながっていく。そこで保育者が自分の保育指導について**自己評価**するための項目を以下にあげてみた。

指導評価

自己評価

---

① 今日の保育のねらいが何かを明確に把握していたか。
② 環境設定，教材研究が充分行われていたか。
③ 動機づけや興味づけが有効におこなわれたか。また，臨機応変に判断し，タイミングの良い言葉がけや援助ができたか。
④ 一人ひとりの活動の読み取りと援助や声かけができたか。
⑤ その子らしい活動や作品ができたか。
⑥ 気になる子どもへの対応は適切にできたか。

　集団の活動の中では必ず**気になる子ども**はいるものである。⑥は保育者にとって大きな課題であるが，「なぜ活動しないのか」を子どもの責任にせず，子どもの立場に立って考え，援助していきたいものである。

気になる子ども

第6章　保育内容領域「表現」の指導計画と評価　65

（3） 子どもの未来を考える評価

　最後に領域「表現」の枠を超えて，保育全体の評価として「子どもの未来を考える評価」について述べてみたい。

　良い保育とは，子どもの未来を考えた保育である。子どもたちが将来豊かに生きていくために，今どのような体験をさせておくことが必要か，その体験がその子の未来にどのようにつながっていくのかを考えておくことは大切である。さまざまな体験をさせる中で，体験の深まりや広がりをしっかりとらえ，**成功体験**だけでなく，子どもたち自らの力で克服していけるような**失敗体験**も必要である。困難に立ち向かい克服していくプロセスの中で保育者は時に寄り添い，時に見守りながら一人ひとりのこどもたちの可能性を見出し，**未来につながる力**を育成していくこと，そしてその力を評価していくことは保育の本質的な部分の評価として重要である。

成功体験

失敗体験

未来につながる力

【引用・参考文献】
1）文部科学省『幼稚園教育要領解説　平成 30 年 3 月』フレーベル館，2018 年
2）花篤實監修，永守基樹・清原知二編『幼児造形教育の基礎知識』建帛社，1999 年，p.173
3）玉置哲淳『指導計画の考え方とその編成方法』北大路書房，2008 年，pp.1-8
4）森眞理『レッジョ・エミリアからのおくりもの―子どもが真ん中にある乳幼児教育』フレーベル館，2013 年，pp.57-58
5）白石淑江『スウェーデン保育から幼児教育へ』かもがわ出版，2009 年

お薦めの参考図書

① 佐藤学監修『驚くべき学びの世界』ACCESS，2011 年
② レッジョ・チルドレン『子ども・空間・関係性』学研，2008 年
③ 無藤隆編著『10 の姿プラス 5・実践解説書』ひかりのくに，2018 年
④ 大場牧夫『表現原論』萌文書林，1996 年

まとめ

1 保育は人と人との触れ合いの中で育まれていく創造的な活動である。その活動を支えていくものが指導計画である。

2 保育は総合的な営みであるため，領域「表現」だけを切り離して指導計画をつくることはできない。5つの領域との交わりの中で考えていく必要がある。

3 子どもに根ざした指導計画は「子どもの事実から出発して子どもに帰る」保育実践へとつながる。

4 ドキュメンテーションは子どもの活動（遊びや学び）のプロセスを可視化し，保育者の教育的プロセスや考え方を明確化していく。

5 土や砂，草花や木々，その中で生活している虫や小動物に出会える環境は子どもたちの感性を豊かにしていく。

6 子どもたちがイメージしたことを自由に表現できるためには，活動に応じたスペースと材料や道具が必要である。

7 表現活動では，子どもたちの活動のプロセス（何を感じたのか，何を考え，どう工夫したのか）を評価しなければならない。そして，できた作品はその子らしい表現ができたのかを評価することが大事である。

8 子どもたち個々の可能性を見出し，未来につながる力を育成していくこと，その力を評価していくことは，「幼児期の終わりまでに育ってほしい姿」の実現とさらにその後の子どものさまざまな可能性へとつながっていく。

第Ⅱ部　実践編

第7章
身体・体育教育と「表現」

1 身体表現・体育教育とは

(1) 身体表現・体育教育とはなにか

　私たちは，生まれながらに身体的に表現する能力をもっている。からだをつかって「喜怒哀楽」を表したり，なにかを模倣したりして感情や情動というものを常に表現している。人間がより健康で豊かな生活を送っていくためには，自らを解放するとともに他者を受け入れ，新たな感覚を味わったり，刺激を受けたりすることが必要である。

　いわゆる表現系の運動（以下，表現運動とする）というものは，子どもの内面にある感情や思考，感じたこと，心が揺れ動いたことを，幼少期から「そうぞう（想像や創造）」しながら**可視化**していく活動である。つまり，子どもの内面を重視した自由な表現活動なのである。そのため，表現運動には決められた用具を使ったり，勝敗を競い合ったり，優劣をつけあったりといった競技的な側面は少ない傾向があると，一般的にはいわれている。幼少期から表現運動を行うことにより，リズム感や表現力，柔軟性といった身体的な発達はもちろんのこと，集中力や記憶力，コミュニケーション力，表現力といった**内面的な能力**を育むことができるだろう。また，表現活動を通じて喜びや楽しさを感じ，仲間と協力することや**達成感**を味わう体験から，子どもたちの心を豊かに成長させていくことも期待できる。

可視化

内面的な能力

達成感

(2) 小学校における表現運動

　平成29（2017）年3月改訂小学校学習指導要領「体育」における領域構成では，1・2年生は「表現リズム遊び」として，表現遊びとリズム

遊びを，3・4年生では「表現運動」として表現とリズムダンスを，5・6年生も同じく「表現運動」として表現とフォークダンスが設定されている。ここでいうダンスの種類は，創作ダンス，フォークダンス，現代的（モダン）リズムダンスの3つに分類できる。以下，「表現リズム遊び」と「表現運動」の概要について述べる。

1）「表現リズム遊び」

　身近な動物や乗り物などの題材の特徴をとらえて，そのものになりきって全身の動きで表現したり，リズムにのって踊ったりする。体育として授業で扱う以上，**技能，態度，思考・判断**といった評価の観点は存在し，体育的な見方や考え方も重要である。また，ある程度の運動量の確保も必要になってくる。

技能，態度，思考・判断

2）「表現運動」

　リズムやイメージの世界に没入し，なりきって踊ったり，互いのよさを生かし合って仲間と交流して踊る楽しさや喜びを味わったりすることができる。表現リズム遊びから少し発展し，ロックやサンバといった軽快なリズムに乗って全身で踊ることも求められる。

　授業において指導上留意する点としては，子どもたちがいきいきと踊れるように実態に即した題材（曲）を選ぶことと，動きを引き出すための言葉がけを工夫することである。具体的に題材（曲）選びでは，子どもたちが聴き慣れたアニメやJ・POPなど，流行の曲，リズム（アクセント）が比較的はっきりしている曲がよい。

　また，言葉がけを工夫するときには具体的な身体の部位や方向，カウント，形や大きさ，速さなどをその都度指示したり，自分たちで工夫させたりするとよい。実際に学校現場では，運動会での集団演技や学習発表会といった場面において学年等で演技，発表をこの表現運動に充当している学校が多い。それは，自分たちだけではなく，保護者を含めた多くの人に演技を披露するという**成功体験**が，子どもたちに高揚感や達成感をより効果的に味わわせることができるとともに，**仲間意識**を醸成することができるからである。

成功体験

仲間意識

「表現」を学習するためには，まず楽しい雰囲気づくりや場の設定，イメージしやすい題材設定が必要となろう。そして，指導する側が的確なねらいをもち，いかにポイントをしぼった指導や言葉がけができるのかが重要である。したがって，就学前の幼児には，**保幼小連携・接続**の観点からも単なるお遊戯に留まるのではなく，技能面ではメリハリのある動きやリズムに合わせた動き，態度面では友だちと一緒に活動を楽しんだり，動きを子ども同士で話し合わせたりし，よりコミュニケーションが取れる工夫をするなど，一歩踏み込んだかたちでの保育内容の展開を期待したい。

保幼小連携・接続

  身体・体育教育を活かした保育指導

（1）子どもの身体発達

　子どもの表現活動を支える身体発達の概要については，第2章で述べた。これらを十分に把握しておくことは保育者・教育者としての責務である。身体感覚を通した基礎情報の蓄積は，生命に直接関係が深い味覚や嗅覚といった近感覚に始まる。身体発達には方向性があり，中心から抹消へ，粗大運動から微細運動へ，頭部から下肢へ進行していく。こういった発達特性から，模倣と表現というものを保育現場でうまく組み合わせることで，身体表現活動が有効になっていく。

（2）模 倣 と 表 現

　一般的に模倣とは，他者や具体物の「まね（真似）」をすることである。また，ひとには誕生直後から「模倣行動」が見られることから，模倣は生得的な反応というとらえ方もある。表現運動においても，「まね」をすることによって，自分の身体を自由に扱うために必要なスキルの取得へとつながる。

　模倣を活用した身体表現の導入は，まず身近な動物を題材とすることからはじめるとよい。カエルやクマ，ウサギなどといった比較的ふだん

から視覚情報を得やすい動物から始め，戸外で目にする木や電柱，虫や乗り物または天気のよいときには保育者や友だちの影を模倣するのもよい。これは，身近で親しみのある生き物などを模倣することで，気持ちを開放するという情緒的な側面と，模倣するためには対象をじっくりと観察するといった知的な側面の２つの発達を期待することできる。保育者や友だちの動きを模倣することで即時の反応ができるようになり，目的にかなうような全身またはからだの一部分をコントロールするといった運動技能の獲得が期待できる。

　また，言葉や社会性の発達を主目的とした模倣の指導においては，子どもたちの好きな絵本や紙芝居などの児童文化財をうまく利活用して行うとよい。それによって，子ども自身がなりたいものや，やってみたいことを直接的に表現することができ，子ども一人ひとりの動きや思いを**具現化**することもできる。たとえば絵本などのお話しの世界に没入することで，さまざまな「モノ」に子どもたちは変身することができる。ちょっとした変身願望を叶えることで，子どもは新たな自分を発見し，表現する楽しさや喜びを経験することになる。これは内面的な育ちと共に全身の調整力を身につけることにつながる。イメージを友だちと共有することでコミュニケーションすることを経験・体験できるといった側面もある。そして，表現様式が多様になるにつれて，動きの大小，強弱，スピードといった表現運動ならではの要素に挑戦することができる。このように絵本を通した模倣活動によって，継続的な言語活動を期待することができる。

具現化

（3）身体表現の活動

　すべての子どもが等しく身体と言語が発達しているわけではない。子どもの発達には個人差および個人内差がある。そこで，保育者は，個々の子どもとの関わりの中でできること，挑戦させたいことをある程度個別に見極めていくことも必要となる。たとえば，腕を伸ばすといった単純な動きから，肘（ひじ）も伸ばしてみる，そして，指先も伸ばしてみるなど，発展的な動きに順次移行していく。身体のあらゆる部分に意識を集中させ，何を表現したいのか具現化することは乳幼児期の子どもに

74　第Ⅱ部　実　践　編

とって，大変難易度の高いことである。しかし，そのことを達成できた
ときの喜びや達成感は，子どもとともに保育者にとっても，この上ない
喜びとなる。

　また，身近にあるさまざまな素材を使うことで親しみやすい表現活動
を行うことができる。たとえば，タオル，布，ビニール袋，ロープやひ
も，ペットボトル，空き缶，牛乳パック，箱などである。そして，身近
なものを用いて子どものイメージを引き出すときは，動きとさまざまな
オノマトペを工夫するとよい。たとえば，ダンゴムシを表現するときに
動きのイメージを転がる，はう，隠れる，縮む（丸くなる）とすると，モ
ゾモゾ，コロコロ，ゴソゴソといった**オノマトペ**を用いることができる。　　オノマトペ

　このように保育の現場では生活経験や言語など，育ちがさまざまであ
る子どもたちが協力し，アイディアを出し合って，自由かつ親しみをも
って活動できるように環境設定や音選びにもこだわってほしい。

　なによりも，子どもが活動そのものを楽しみ，心がワクワクするよう
な仕かけを保育者が心がけることが，子どもの運動技能とともに**内面性**　　内面性
の発達につながっていくのである。

3 表現教育・体育・スポーツのすすめ

（1）複合領域の視点から「表現」活動を捉える

　表現活動における内容と方法には，次の観点や要素が重要であると，
筆者は考えている。

---

　① 見立てやごっこ遊び，劇遊び，運動遊び等における子どもの
　　経験と保育の環境
　② 身近な自然やものの音や音色，人の声や音楽などに親しむ経
　　験と保育の環境
　③ 身近な自然やものの色や形，感触やイメージ，創造性などに
　　親しむ経験と保育の環境

第7章　身体・体育教育と「表現」　**75**

④　子ども自らが児童文化財（絵本，紙芝居，人形劇，ストーリーテリングなど）に親しむ経験と保育の環境

　従来の表現活動に関して，保育の環境構成や具体的な展開をしていくことで，保育内容の見直しや改善，工夫をすることができる。それは，表現活動の意義を考える際に，保育における領域や内容の複合性や多層性が重要になるからである。とくに，表現活動の意義を考える際には，他の4領域とのつながりや相補性に着目したカリキュラムを構成することが重要である。

　たとえば，モノを使って音を楽しむ遊びは，モノの性質に応じた音の響き（音色・音の高さ）の違いや変化に興味をもつ感性の育ちに支えられている。風や雨，水の流れといった自然の音や，空間内での音の響き方への興味は，自然現象や音に関する法則の学びにつながっていく。つまり，音遊びの経験というのは，領域「環境」で扱われる学びと概ね符合する。

　同様に造形・描画遊びも，モノの色や素材の形・肌触りなどの違いや変化を楽しむ感性の育ちが基礎や基盤にある活動である。さまざまな素材や道具を用いたり，それらを組み合わせたりするプロセスの中に，試行錯誤を通した学び，発見，驚きなどの実体験がある。

　身体表現を楽しむ遊びは，平坦な地面や斜面，穴，水などの環境の特性と重力や摩擦などの物理的法則に応じて，多様な動きとその際の身体感覚の変化（揺れ動き）を体験しようとする活動である。そこには領域「環境」の特性や物理的な法則に応じて，自分自身の身体をうまく使いこなすことができるようになるという遊びや学び，そして育ちがある。

　このように，子どもの表現活動の基盤には，環境や人間関係，言葉などの他の4領域との関わりにおける学びの体験が根底に流れている。この学びや遊びの面白さやユニークさが，子どもたちの主体的で能動的な表現を支えている。そこではカリキュラム・マネジメントのスキルを高めていきたいのである。

（２）「表現」の指導上の留意点

「表現」では，何より子どもが活躍する場面や挑戦する**エネルギー**を発散できる場を設定することが求められる。そして，保育者自身が子どもの目線に立って楽しいかどうかを，まずは確認することが指導において重要になる。実際には，**作品展**や**発表会**という最終場面を取り出して見てしまうが，そこに至るまでのプロセスと子どもたちにしっかりと寄り添うことが，保育者に課せられた責務である。それは，子どもたちはひたむきに努力し，からだを使って遊ぶことによって，自分を表現しようとしているからである。

音楽遊び，造形遊び，製作遊び，リズム遊び，劇遊び，水遊びなどの指導では，まずは子どもたちが遊びに入り込み，没頭し，浸り込み，楽しみながらからだを動かすこと，さらに周りから，そのできばえを「すばらしい」と評価されるようなことが，大きな目標になるものである。そのための指導や時間が，デザイン・展開されることが重要と考えられる。子どもたちの情操的で豊かな表現力を発達・発揮させるためには，頭の中で想像力を働かせたりしながら，より豊かな創造性や力動性が発揮できるよう，自由度の高い保育の展開を行ったり，言葉を使わずに身体だけでコミュニケーションしたりするなども当然に必要になるだろう。無藤（2016）によると，幼児期は知識・技能の取得以前に「目的や意欲，興味・関心をもち，粘り強く，仲間と協調して取り組む力や姿勢（**非認知的能力**）」を育むのに適した発達段階であるという。保育者に求められる資質能力は，まずは，子どもの発育・発達段階に着目し，「表現」の指導のための基本的項目や原理をしっかりと把握していくことである。何より保育現場においては，子どもたちが新奇の経験や体験を楽しみ，浸りきることができ，言語・非言語などのコミュニケーションの能力をはじめ，豊かな表現力や創造性，社会性などが育つような保育・幼児教育の実践を，積極的かつ前向きに行うことが重要である。

繰り返しになるが，子どもの表現活動を支えている身体発達や発育段階を，きちんと理解しておくことは，保育者・教育者としての責務・義務である。挨拶や言葉遣い，立ち居振る舞いなど子どものモデルともな

エネルギー

作品展
発表会

非認知的能力

る。子どもの表現活動は能力だけではなく，自我発達の側面からの育ち
や遊びを支える領域である。人間教育の発達を見据えた子どもの保育を
見定めたいものである。

【引用・参考文献】

1）井上勝子ほか『新訂豊かな感性を育む身体表現遊び』ぎょうせい，2011 年
2）石上浩美編著『保育と表現』嵯峨野書院，2015 年
3）吉井英博・矢野正編『アクティブラーニングのための体育科教育法―理論と実践』三恵社，2018 年
4）岩崎洋子編著『保育と幼児期の運動あそび』萌文書林，2018 年
5）文部科学省『小学校体育（運動領域）まるわかりハンドブック』2011 年
6）矢野正・吉井英博編著『小学校体育科指導法』三恵社，2016 年
7）矢野正・小川圭子編著『保育と環境［改訂版］』嵯峨野書院，2014 年
8）花原幹夫編著『保育内容表現』北大路書房，2009 年，pp. 27-44
9）文部科学省『小学校学習指導要領解説体育編』東洋館出版社，2018 年
10）無藤隆・古賀松香編著『社会情動的スキルを育む「保育内容人間関係」―乳幼児期から小学校へつなぐ非認知能力とは（実践事例から学ぶ保育内容）』北大路書房，2016 年

お薦めの参考図書

① 日本幼児体育学会『幼児体育　理論編』大学教育出版，2017 年
② 原田碩三編著『子ども健康学』みらい，2014 年
③ 高木信良編著『最新版　幼児期の運動あそび』不昧堂出版，2011 年
④ 前橋明編著『コンパス保育内容健康』建帛社，2018 年
⑤ 倉持清美編集代表『新訂事例で学ぶ保育内容〈領域〉健康』萌文書林，2018 年

保育指導案例（5歳児）

活動日：20XX年○月△日
学級：□□組（○○名）
場所：遊戯室または園庭
指導者：○○　○○

1　活動名「身体遊び～森を探検しよう～」
2　ねらい
  ・登場する動物の動きをとらえてなりきる模倣・表現活動を通して，自分のもつイメージを友だちと一緒にからだで表す楽しさを味わうことができる。
3　指導上の留意点
  ・森をイメージしたBGM（音楽）を用意する。
  ・登場する動物がイメージできるように，掲示物（イラスト）や動画を用意する。
4　本時の展開

段階	子どもの活動内容	○指導・助言，●環境構成	準備物	時配
導入	1　整列，健康観察，準備運動をする。 2　からだをほぐす運動をする。	○園児の体調やその日のようすを確認しておく。 ●園児がぶつからないように，広い場所を用意する。楽しみながら体を動かしほぐす。		10分
展開	3　本時の学習課題を確認する。	○本時の活動のねらいを伝え，遊びや学習の見通しを持たせる。		5分
展開	課題：いろいろな動物になりきって，まねっこ遊びをしよう。			
展開	4　森にいる動物やその動物の特徴，ようすを確かめる。 (1)　みんなで「キリン」の動きをまねする。	○園児一人ひとりがもつ動物のイメージや創造性を大切にする。 ○動物の動きがわからない園児には，友だちのまねをしてもよいことを伝える。 ○はずかしがっている園児には，保育者がとなりで一緒に動くなど配慮する。 ○特徴をとらえ，積極的に活動している園児を賞賛する。	・動物のイラスト ・ペープサート ・絵本など	
展開	(2)　ほかの動物の動きをまねする。	○園児の発表をもとに，全員で動物のまねをしてみる。		5分
展開	(3)　動物クイズをする。	○3～5人ほどのグループをつくり，動物のまねを練習させ，動きを工夫させる。練習後，全員でクイズ（動物当て）をする。		10分
展開	(4)　森の探検に出発する。	○一人ひとりが好きな動物になって，遊戯室内を森に見立てて，自由に動き回る。（BGMを用意し，リズム感や森の雰囲気を演出，醸し出す。） ○出合った動物とあいさつをする。	・CDデッキ ・CD	10分
まとめ	5　本時の活動を振り返る。	○本時の活動を振り返り，楽しかった気持ちや嬉しかった気持ちを共感する。	・動物カード	5分
まとめ	評価：友だちと楽しみながら動物の動きをまねることができたか。			
まとめ	6　整列，健康観察をする。	●次の活動へ，自然と入れるように促す。		

5　講評

第7章　身体・体育教育と「表現」　79

まとめ

1 私たちは生まれながらに身体的に表現する能力をもっている。からだをつかって喜怒哀楽を表したり，なにかを模倣したりして常に感情や情動を表現している。

2 人間がより健康で豊かな生活を送っていくためには，自らを解放するとともに他者を受け入れ，新たな感覚を味わうことが必要である。

3 いわゆる表現系の運動は，子どもの内面にある感情や思考，感じたこと，心が揺れ動いたことを幼少期から「そうぞう」しながら可視化していく運動である。

4 幼少期からこうした表現運動を行うことは，リズム感や表現力，柔軟性といった身体的な発達はもちろんのこと，集中力や記憶力，コミュニケーション力，表現力といった内面的な能力を育むことができる。

5 表現活動を通じて子どもたちは，喜びや楽しさを感じ，仲間と協力することや達成感を味わう体験から，子どもたちの心を豊かに成長させていくことができる。

6 子どもの豊かな表現力を育てていくためには，言葉を使わずに体だけでコミュニケーションしたり，想像力を働かせたりしながら豊かな創造性が発揮できるような，自由度の高いダンス活動や造形活動なども環境設定の中には当然に必要である。

7 子どもは，ダンスのような身体表現活動を通して，また絵画のような造形表現活動を通して，表現する器としての身体（からだ）を発見し，自然の美と創造性を発達させていくことができる。

8 子どもの表現活動の指導においては，能力発達だけでなく自我発達を促すような保育のデザインが望ましい。

第8章
「表現」の指導事例(1)——保育所の場合

　子どもたちにとって園は，日々の生活の場であり，同時に学びの場でもある。0歳児から就学前の幼児までが過ごす園は，入園する年齢がさまざまであり，子ども一人一人の生活背景や経験が異なる。最近は**保育の長時間化と低年齢化**が顕著であり，幼い頃から一日の大半を過ごす園は，どのような保育を提供するのかという「**保育の質**」がさらに問われている。

　このような状況を踏まえ，園の活動において，私たちは子どもの表現をどのようにとらえ，どのような援助や指導をしていくことが望ましいのであろうか。本章では園生活の中に見られる子どもの**多様な表現**をとらえ，年齢ごとの発達を追いながら，事例を通して考えてみたい。

保育の長時間化と低年齢化

保育の質

多様な表現

1　0歳児から1歳児の場合——感覚の働きを豊かにする

　保育における子どもの表現と聞いたとき，まず何を思うだろうか。造形表現や音楽表現，身体表現などを思い浮かべるかもしれない。確かにこれらの活動は，子どもにとって，また，保育活動において大切にしたいものであることに違いはない。そこで，このような造形や音楽，身体等を用いて子どもが「表現」することを内面の「アウトプット」だと考えてみよう。保育者は，子どもたちからできるだけ豊かなアウトプットを引き出せるようさまざまな工夫を凝らすであろう。しかし，子どもの表現活動を考える際には，アウトプットにのみ目を向けるのではなく，豊かなアウトプットの基になる豊かな「インプット」の存在を見逃してはならない。とくに乳児の場合は，五感を通してさまざまな感触を味わい，**豊かな感情体験＝豊かなインプット**を積み重ねることが重要である。

豊かな感情体験＝豊かなインプット

（1）豊かな感情体験①──散歩活動

　日常の中で，五感を刺激される活動は多様にあるだろうが，その中でも多くの園が積極的に取り組む活動に「お散歩」があげられる。天気の良い日に園の周辺に出かけていく散歩活動は，幼い子どもにとって発見や驚きの詰まった活動である。保育者に優しく抱かれ，抱っこの温かさを感じたり，話しかけられる言葉に耳を傾けるなど，**保育者との安定した関係を基盤に子どもはさまざまな体験を積んでゆく**。一歩外に出ると，風のそよぎを頬に感じ，陽ざしのまぶしさに驚くこともあるだろう。犬の鳴き声を耳にするかもしれないし，手に触れる草の感触にハッとするかもしれない。風に乗って舞い落ちる木々の葉をじっと見つめる子どももいる。園周辺の散歩の中でも，子どもは自分の目や耳や手足の感覚を使って，さまざまな事柄を感じとっているのである。

　このような体験の中で，子どもは心地よさにうっとりしたり，にこりと微笑んだり，言葉にならない声で保育者に一生懸命語りかけることもあるだろう。また，時には驚いて泣き声をあげ，保育者にしがみつくかもしれない。保育者は，子どものしぐさや表情の変化を敏感に感じ取り，「気持ちいいね」「びっくりしたね」などと言葉をかけたり，微笑み返してゆくことが必要である。こうした日常の何気ないやり取りの中で，子どもは表出した自分の感情や思いを受け止められ，共感される経験を積むのである。

　五感を通してさまざまな感触を味わい，**豊かな感情体験をすることは，子どもの感性を育む土台となる**。そして，感じたことを表出した時に，

> 保育者との安定した関係を基盤に子どもはさまざまな体験を積んでゆく

> 豊かな感情体験をすることは，子どもの感性を育む土台となる

● 写真8-1 ●　公園にお散歩

● 写真8-2 ●　どんぐり見つけたよ

その思いを優しく受け止められることで，子どもは更なる表現への意欲を増すのである。幼い子どもの表現は小さく刹那的である場合も多いが，保育者はその一瞬の心の動きに気づき，共感してゆくことで子どもの**「伝えたい」気持ち**を育んでゆく。この気持ちの芽生えが，成長とともに子どもの**意欲的な表現を引き出す**ことにつながるのである。

「伝えたい」気持ち

意欲的な表現を引き出す

（２）豊かな感情体験②──さまざまな感触を味わい感性を刺激する

私たちの周りには数多くのものがあり，それぞれがいろいろな手触りを持っている。柔らかい，硬い，温かい，冷たい，ツルツルしている，ザラザラしているなど，その感触は多種多様だ。触ると心地よく感じるものもあれば，そうでないものもあるだろう。

日々の保育活動において，子どもたちにもできるだけ**たくさんの感触**を味わってほしい。新しい感触は，幼い子どもにとって大きな刺激になる。意外な感触にびっくりしたり，時には気持ち悪さを感じることも必要である。心地よい感触が期待できるものばかりを保育者が選択したのでは，子どもの経験を制限することになることを十分に認識しよう。ぬるぬるする，べたべたするといった感触を味わうことで，子ども自らが「気持ちいい感触」と「気持ち悪い感触」があることに気付けるのである。**五感を刺激する直接的な体験は子どもの感情を揺さぶり，豊かなインプットを増やす**ことにつながる。

たくさんの感触

五感を刺激する直接的な体験は子どもの感情を揺さぶり，豊かなインプットを増やす

● 写真8-3 ● お水って冷たいね

● 写真8-4 ● 体中どろんこ

2 2歳児の場合──興味をもって取り組み，安心して自己表出する

　2歳を迎えると徐々に言葉の獲得が進み，見たものや感じたことを簡単な言葉で表現しようとする（第2章参照）。しかし，まだ語彙は少なく，複雑な文章表現も難しい。保育者は子どもの言葉に注意深く耳を傾け，時には言葉を補ったり，代弁しながら子どもの思いを受け止めるようにしたい。またこの時期は，さまざまなことに自分の力で挑戦したいという気持ちが強くなるものの，手先の器用さなど技術が伴わず，思い通りにならないことも多い。時には泣いて訴えることもあるが，「泣く」こともこの時期の子どもにとっては大切な自己表現であることを忘れてはならない。保育者は**その子なりの表現方法**を十分に認めて受け入れながら，できるだけ「やりたい気持ち」が満たされるように援助することが望まれる。甘えたい気持ちを受け入れられつつ，遊びや生活のいろいろなことに意欲的に取り組み，子どもが**安心して自己表出**できるようにしたい。また，**一人ひとりの違いをそれぞれの良さとして認め**，思ったことや感じたことをのびのびと表現する経験を十分に積ませたい。

その子なりの表現方法

安心して自己表出
一人ひとりの違いをそれ
　ぞれの良さとして認め

CASE ♫

ぼくのわたしのたからもの

　2歳のクラスで散歩に出かけると，帰るころには子どもたちのポケットがいっぱいに膨れ上がっている。中身を取り出すと，石ころ，小枝，ドングリなど次から次へいろんなものが出てくる。それらはすべて子どもたちのお気に入りの宝物である。1歳ころまでは，散歩の途中で子どもが目を止めるものは，偶然に出会うものや保育者の働きかけによって気づくものが多いといえるかもしれない。しかし，2歳になると周辺の環境に自ら関わってゆく姿が増える。歩いていても，気になるものを見つけると座り込んでじっと見つめる。そして，「先生，あったよ。」と見つけたものを保育者に見せながら，どこにあったのか，どんな風に見つけたのかを一生懸命伝えようとする姿が見られる。また，気に入ったものがあると何でも拾って持ち帰るなど，子どもがよりはっきりと意思を持って周辺環境に働きかけることがわかる。この気に入ったものを集めるという行動も，子どもの興味の表出であることを保育者は十分に理解したい。そこで，集めてきた宝物をさらにその子なりに表現させたいと考え，作品として展示することにした。

ダンボールの額に、集めてきたものを接着剤で貼り付けてゆく。この制作の様子を見ていると、集めたものは何でもたくさん貼りたい子、少なくても1つ1つを丁寧に貼りたい子、同じ種類のものばかりを貼りたい子と、その姿はさまざまである。でき上がった作品を見ても、落ち葉、大小さまざまな石、セミの抜け殻など、貼ってある物が一人ひとり違っていて実に個性的である。制作に取り組む姿にも、でき上がった作品にも子ども一人ひとりの思いがあふれている。こんなところに、生活に根ざした子どもの表現があることを見逃さずにいたい。

● 写真8-5 ● 何つくる？

● 写真8-6 ● 宝物をかざったよ

3　3歳から4歳児の場合──自分の思いを形にする

　3歳を迎えるころには友達への興味が増し、気の合う友だちと一緒に遊ぶ場面が増えてくる。生活の中で経験したことを再現したごっこ遊びを盛んに行うのもこの時期である。4歳になるころにはごっこ遊びの中で役割分担が見られるようになり、お姫様、お母さん、お店屋さんなど、それぞれが好きな役割を演じながら遊びが展開する。子どもたちは、自分が演じる役柄に応じてドレスやエプロンなどの衣装を着けたり、言葉遣いを変えたりしながら友達とのやり取りを楽しんでいる。また、遊びに必要な道具をつくることもあるだろう。**ごっこ遊び**は、身体表現、言語表現、造形表現など多様な方法を含む**総合的な表現遊び**であることを理解し、環境設定や素材を準備することが必要である。

ごっこ遊び

総合的な表現遊び

CASE♪

外にお家をつくったよ

　春からたくさんのごっこ遊びを楽しんできた3，4歳児クラス。とくにお家ごっこは何度も繰り返して遊びこんできた。子ども達は自分の生活経験からいろいろな場面を再現して役を演じている。朝ごはんをつくるお母さん，お腹が空いたと泣く赤ちゃん，郵便を届けてくれるお兄さんなど。そしてその都度，「先生，ミルクがいる。」「お手紙入れるポスト，ほしい。」と遊びに必要なものを思いついては保育者に訴えてくる。保育者は，なんとか子どもの思いを実現したいと考え，空き箱やトイレットペーパーの芯など多くの廃材を準備した。そして，子どもなりに切ったり貼ったり描いたりすることで思い思いの小道具をたくさん製作してきた。一見しただけでは何か判別できないものもあったが，子ども達は作品のできばえなど気にすることもなく，つくったものを遊びの中で存分に使って楽しんだ。一人が思いついてシャワーをつくると，ぼくも私もとみんながシャワーをつくり始め，ひとつの家に6台ものシャワーが取り付けられたこともあった。それでも，よく見ると一つ一つのシャワーの形や模様が違っている。子どもなりに自分のイメージを持ち，それを表現しながらつくっていることがよくわかる。この時期は，拙いながらも自分の思いを形にしようとする子どもの意欲を大切にしたい。

　その後，保育室の中だけでは手狭になり，思い切って近くの公園に小道具を持ち出し，屋外でお家ごっこを楽しんだ。木にくくりつけたポストには落ち葉の手紙が届き，子ども達は木々の間を自由に駆け回りながら「お買い物に行ってくるね。」「ぼく，お兄ちゃんだから学校行くよ。」と，それぞれの役になりきっている。近くで車の音がすると，お母さん役の女児が「車が来るわよ。気をつけて行ってらっしゃい。」と声をかける。陽の光や風，音を感じながら楽しむごっこ遊びは子ども達の心を解放し，のびのびとイメージを膨らませて取り組むことができた。

●写真8-7●　ママはお洗濯　　　●写真8-8●　パソコン　　　●写真8-9●　行ってきます！

　ごっこ遊びの環境や素材を準備するにあたっては発達段階を吟味し，子どもにとって扱いやすく，イメージしたものを具体化しやすいかどうかに留意せねばならない。さらに，子どもの様子や会話などの要素を組み合わせ，遊びの中で生じてくる多様な表現をくみ取り理解しながら，子どもの**興味の広がりを目指す**ことが望まれる。幼児期にはできばえや

興味の広がりを目指す

表現方法にとらわれず，遊びの中で自由に**表現することの楽しさ，おもしろさ**を十分に味わわせたい。

表現することの楽しさ，おもしろさ

5歳から6歳児の場合——劇遊びをつくる

　多くの園が学年末に生活発表会を持つ。みなさんは，生活発表会でなぜ劇遊びをするのか不思議に思ったことはないだろうか。幼児の劇遊びはごっこ遊びの延長に位置するものである。そう考えると，劇遊びとは園生活の中で培ってきた表現することを中心としたいくつもの力を用いて，友達と協力しながらつくり上げるものだからこそ，1年の集大成として取り組んでいるのである。

CASE

みんなでつくる

　年長クラスは，生活発表会で「鳥の王様コンテスト」を題材にとった劇遊びをすることになった。子ども達は先生から何度もお話を読んでもらい，物語の世界に思いを膨らませていく。そんなある日，舞台の背景に使う大きな絵を描くことになった。子ども達はグループに分かれて話し合いを持ち，画面に何を描けばいいのか相談した。「鳥は高い木の上にいるよ。木をたくさん描こう。」「遠くの山から来た鳥もいたよ。」「山ってきれいな葉っぱがいっぱいあるんよ。」それぞれが物語を聞いてイメージした様子を言葉にして伝え合った。また，カラス役の子ども達は身につけるカラスの帽子つくりにも取り組んだ。「カラスってくちばしがとんがってて，ツンツンするんよ。」「戦いごっこの剣みたいなの？」「そう！　じゃあ，新聞で剣をつくって，くちばしのことにする？」

● 写真8-10 ●　木と山を描こう

● 写真8-11 ●　カラスの帽子

第8章　「表現」の指導事例(1)——保育所の場合　　87

また，鳥の羽は１枚ずつ画用紙に切り込みを入れて土台に貼りつけた。少しずつつくり足し，でき上がるまでには１週間以上かかった。このような連続作業が可能になるのは，完成図を予想し，見通しを持って取り組める年長児ならではであろう。

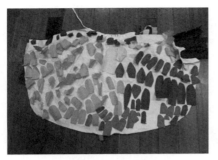
● 写真 8-12 ●　鳥の羽

● 写真 8-13 ●　みんなで演じる

　劇遊びをつくる過程では，台詞や身振りを考えたり，歌を歌ったり，演出に必要な道具を製作するなど多様な活動を行うことになる。生活経験が豊かになり，想像力が伸びてくるこの時期には互いに思いを伝えあい遊びこんでいく中で，自分の思ったものをつくり上げる**充実感**や友だちと一緒にひとつのものをつくり上げる**喜び**を感じられるようになる。

充実感

喜び

　友だちと共同で作業をするためには，互いに**イメージを共有**しておかねばならず，言葉を通した交流を十分に持っておくことが必要である。友だち同士異なる意見を主張し合いながら妥協点を見出したり，製作の方法を互いに考えあう中でコミュニケーションが深まり，この**相互刺激によって新たな表現の広がり**が期待できる。

イメージを共有

相互刺激によって新たな表現の広がり

　また，この時期には自分の知っているものを子どもなりに忠実に再現したい欲求が生まれ，劇中で使う小道具をどうすれば本物らしくつくれるか試行錯誤する姿が見られる。保育者は身のまわりにある素材の特性を活かして製作に使えるよう**教材研究**を重ね，子どもが自分のイメージを実現し，達成感や充実感を味わえるよう援助することが肝要である。

教材研究

【参考文献】
1）厚生労働省『保育所保育指針解説』フレーベル館，2018年
2）汐見稔幸・久保健太編著『保育のグランドデザインを描く』ミネルヴァ書房，2016年
3）佐伯胖『幼児教育へのいざない』東京大学出版会，2014年

4）無藤隆『幼児教育のデザイン』東京大学出版会，2013 年

お薦めの参考図書

① 新田新一郎編・汐見稔幸著『汐見稔幸　こども・保育・人間（Gakken 保育 Books）』学研教育みらい，2018 年
② 橋本忠和『元気を創る造形教育の理論と実践』トール出版，2015 年
③ 岩城眞佐子他編著『3・4・5 歳児のごっこ遊び』ひかりのくに，2017 年

ま と め

1 豊かな感情体験をすることは，子どもの感性を育む土台となる。

2 乳児期の五感を刺激する直接的な体験は子どもの感情を揺さぶり，豊かなインプットを増やす。

3 子どもは，表出した感情や思いを受け止められ共感されることで，さらなる表現への意欲を増す。

4 言語獲得が十分でない時期は，保育者が子どもの思いを代弁することで伝えたい気持ちを育む。泣いたり仕草で表すなど，その子なりの表現方法を受け入れることで，安心して自己表出できるように努めたい。

5 幼児期には作品のできばえや表現方法にとらわれず，遊びの中で自由に表現することの楽しさ，面白さを十分に味わわせたい。

6 ごっこ遊びは言語表現，身体表現，造形表現など多様な方法を含む総合的な表現遊びである。遊びの中で生じてくる子どもの多様な表現を汲み取り理解しながら，子どもの興味の広がりを目指したい。

7 子ども同士のコミュニケーションが深まると，相互刺激による新たな表現の広がりが期待できる。

8 保育者は，子どもが試行錯誤しながらも自分の思いを表現できるような素材や道具を準備し，遊びの環境を整えることが求められる。子どもが自分の思ったものをつくりあげる充実感や達成感を味わえるよう援助するためには，日々の教材研究を重ねることが肝要である。

第9章

「表現」の指導事例(2)——幼稚園の場合

子どもが充実感を味わえる保育

> 感じたことや考えたことを自分なりに表現することを通して，豊かな感性や表現する力を養い，創造性を豊かにする
>
> （出典：文部科学省「幼稚園教育要領」平成30年）

　子どもは，幼稚園に登園したそのときから，降園して幼稚園の門を去るそのときまで，さまざまな表現に関わる活動をしている。たとえば，登園時たまたま門に小鳥が飛んでくれば，その瞬間に**表現の芽**が生まれることもあるだろう。

表現の芽

　幼稚園での保育者には，子どもたちが生んだ表現の芽をも，大切に育て，豊かな感性や表現する力を養い，創造性を豊かにしてゆく責任がある。しかし，それは本来，「子ども自身が心を動かし，自分なりに表現する活動」によって行われるものである。子ども自身が心を動かし，自分なりに表現する活動の際に，子どもが**充実感**を味わっていることが前提であり，保育者の役目は，子どもが充実感を味わっている活動ができるように援助をすることである。

充実感

　幼稚園生活での表現活動で大切なことは，完成した作品を鑑賞するこ

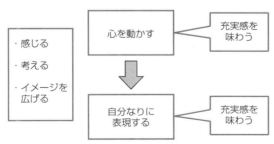

● 図9-1 ● 幼稚園生活での，子どもの表現活動の流れ

とよりも，子どもが充実感を味わいながら，心を動かし，自分なりに表現したり，創りだしたりしていくプロセスである。

教育の目的は，教育基本法第一条「人格の完成を目指し」とさだめられている。したがって，豊かな感性や表現する力を養い，創造性を豊かにする目的は，技術を指導することではないのである。

2 子どもの表現と保育者のありかた

幼稚園生活で子どもが表現に関わる様子と，子どもに関わる保育者のあり方について，年齢・クラスごとに分け説明する。

(1) 3歳児クラスにみられる子どもの表現

1）さまざまな出来事を心にとめたり，心を動かす。　　　　　　　　　心

3歳児クラスの子どもは，いつもとは違う事柄や風景に敏感であり，周りにいる人にとってはささいなことでも，本人にとっては，「素敵」と受け止めることもある。しかし，3歳児は「きれい」「かわいい」「痛い」といった形容詞を含んだ会話はできるようになっていても，語彙数は発達中である。そのため，大人でも「言葉では言い表せない」というときがあるが，子どもではなおさら，**明確な表現ができない時**がある。　　明確な表現ができない時

CASE 🎵

「なんか……」

S奈が，空をみると，いつもとは違う雲の形が目にはいったようである。S奈は，指で雲をさしている。S奈の近くを歩いている，K子（5歳児）に「おねえちゃん，ちょっと，なんか（何か）雲が違う。なんか，雲がちがう，なんか」K子は，立ち止まり，雲を見て，立ち去る。S奈はY子としゃべっている保育者に「○○先生，雲が，なんか……○○先生，○○先生。雲がなんか違う」S奈は，雲を指さして雲を見続けている。

話しがすんだ保育者は，S奈の横にたち，一緒に雲をみている。そして「なんか違うね」と言う。S奈は，にこっと笑う。

92　第Ⅱ部　実　践　編

S奈の発話「なんか」には，S奈の気づきや複雑な感想や思いがつまっているのである。その「なんか」を誰かに伝えて，**共有したい気持ち**もある。

　保育者は，このように「なんか」のような明確な表現としては受け止めにくい言葉でさえ，受け止め，共感する態度をもつことが大切である。

　場合によっては，「なんか」を保育者が言語化した方がよい時もあるが，この事例のように，子どもと一緒にながめるといった関わりが，子どもの充実感を味わえることになる場合がある。なによりも，「なんか」の気持ちを子どもが抱けることや心を動かせること，そして子どもがこれからも沢山の発見をして，感じ，考えたいと思えるようにすることが大切なのである。「きれいだね」などと大人が先に感想を言うと，子どもはそれを自分の感想としてしまう場合があることを覚えていてほしい。

● 写真9-1 ●　「なんか……」

共有したい気持ち

2）わたし（ぼく）と友だち。

　子どもは，同じ場にいながらも，そこからイメージすることが一人ひとり異なっていることがある。

CASE ♬

【山のワルツ】（香山美子作詩・湯山昭作曲）を歌う前

　保育者が「8時にリスのぼうやがやってきてね」と言うと，「えーっ。」「いーっ。」と，子どもたちは，びっくりした声を出している。

　保育者「9時には違うお友達がくるの。10時にも違うお友達がくるの」。M子「リスさんが一番」。保育者「9時には誰が来るかな？」E子「2番は，2番は，2番は……誰か違う人」。T男「ウサギかな」。E子「キティちゃん？」K奈「キティちゃんは，はいれるかなぁ。だって，大きいよ」。S男「ちょうちょ」。K奈「ちょうちょは，とぶから，いかれない」。

● 写真9-2 ●　9時に来るのは，ウサギかな

上記事例のように，M子とE子，T男とS男は，想像の世界で話しを
しているのに，K奈は，現実の話をしている。このように，同じ場にい
ても，イメージすることが**一人ひとり異なっている**のが3歳児クラスの
特徴である。

一人ひとり異なっている

　子どもは，このような場面を何回も体験することで，自分と人とはそ
の時に，考えていること思っていることが違うこと，あるいは，いろい
ろな感じ方や考え方があることに気づいていく。

（2）　4歳児クラスにみられる子どもの表現

1）想像や空想の世界を友だちと楽しむ

CASE♫

空想ごっこ

　A子「昨日，かみなりなってたね」。B子「ほんまに，すごかったね」。A子「夜にゴロゴロゴロって，す
ごいうるさかったわ」。B子「ほんとに」。A子「Bちゃん，おへそ，とられてない？」B子「とられてな
い，とられてない」。A子「私は，とられた」。B子「あのね，返しにきた。鬼さん，やさしいから返して
くれた」。

　4歳児は，相手が何を考えているのか予測できるようになってくるの
で，相手が現実的な話をしているのか，想像や空想の世界の話をしてい
るのかがわかるようになったり，自分とは違う考えをもつ友だちの考え
や話を取り入れたり，話を合わせたりする。また，上記の事例のように
共有したストーリーで，友だちと一緒に想像や空想の世界で遊べるよう
になってくる。

共有したストーリー

　さらに，創造力と推理力が延びる時期でもあり，**想像や空想の世界**が
果てしなく膨らんでいくのである。なおかつ，3歳くらいまでのごっこ
遊びは，実際に体験したこと，見たこと，見たままを模倣するごっこ遊
びであるのに対して，4歳くらいになると，想像や空想の世界でのごっ
こ遊びをするようになる。

想像や空想の世界

94　第Ⅱ部　実　践　編

２）「なになにみたい」「なになになのかな？」

　「なんか」で表現していた３歳から成長し，「なになにみたい」「なになになのかな？」などと，自分の感じたことや考えたりしたことを，周りにいる人にわかるように表現できるようになっていく。感じたり考えたりしたことを伝えたり，聞いたり，共有しあううちに，**表現の幅**が広がってゆく。

表現の幅

> **CASE** ♪♪
> 「なになにみたい」
> 　遠足で，動物園に行った。絵本などでは動物を知っていても，実物をみて驚いている子どももいる。カンガルーのところでは「ポケットがみえないね」。フラミンゴのところでは「かっぱみたいな足の先」。象が何度も首を下げている様子をみて「こんにちは，しているのかな」。平たくて大きな尾のビーバーをみて「（尾で）土をはこんだりするのかな」。

　そして，自分の心が動いたことがらや情景を思い浮かべ，想像したり，推察したり，描いたり，つくったり（造形，音楽，身体等）するようにもなる。しかし，実際にやってみようとすると，何をどうしたらよいのか困ってしまうことも起こりうる。

> **CASE** ♪♪
> 「どうしたらいいのかな？」
> 　Ｎ子は，遠足で動物園に行った日，お迎えに来た母親に「にょろにょろのヘビが，いたよ。ライオンは寝てた。ロバに乗ってね。モルモットを抱っこしたよ」と，報告をした。その翌日に幼稚園で，動物園でみた動物を描くことになった。Ｎ子は，画用紙の前で，じっとしている。
>
>
> ● 写真9-3 ●　「描きたいな。どうやって描こうかな？」

　上記事例のＮ子のようなときには，保育者が，「動物園にいた動物はライオンだけだったかな？」「どうやって，リンゴを食べていたかな？」

第９章　「表現」の指導事例(2)──幼稚園の場合　　95

と子どもに問いかけてみたり，写真などを使ったりして，子どもが心の中に描いていたイメージを整理していき，**目に見える形での表現**にする道筋を示す援助が必要な時もある。ただし，保育者のもつイメージを一方的におしつけないように気をつけたい。

目に見える形での表現

　できあがった作品は，作成した本人に話しを聞いてみないと，本人以外にはその意味がわかりにくいものもある。そのような作品を理解するには，その子どもが何に心を動かされたのかを，保育者が理解していなければならない。「あのときのあのシーンに，○○は目を輝かせていた，じっと見ていた」というように，保育者は，どのような時にも，子どもの**ささいな行動**を見過ごしてはならならないのである。

ささいな行動

3）突飛な発想をする

　「すごいものをつくりたい，驚かしたい」といった，わくわくした気持ちを強く抱き，やってみようとする強い意欲をもつようになる。

CASE ♫

つくってみたい

　保育者「クリスマス会で，何かしたいことあるかしら？」と，子どもたちに聞くと，E子「本当ののり（海苔）でおにぎりをつくりたい」。F男「大きなおうち，船をつくりたい」。G子「折り紙でネコをつくりたい」。H男「箱で何かつくりたい。ロボット，電車，すごいものをつくって，みんなを驚かしたい」。I子「カニをつくる。箱で」と，子どもたちは次から次に話をしている。

　さらに，こうしてみたらこうなるだろうと推測をたてたり，自分なりに**工夫**したりして取り組むようになる。大人からみると，びっくりするような突飛な発想の時もある。

工夫

　うまくいくこともあれば，うまくいかないこともある。子どもが思っていたようにできなかったときに，保育者は子どもと一緒に**理由を考える**ことが重要である。この理由を考えることが，次の発想や創造など，次の段階につながっていき，たとえうまくいかなくても，子どもは充実感を味わえるのである。

理由を考える

　うまくいかないことも体験した方がよいが，子どもたちがすごいもの

96　第Ⅱ部　実　践　編

をつくりたいといった意欲やわくわくした気持ちを，もち続けられるように，保育者が，遊び仲間として「このような方法は？」「こうしてみたらどうかな？」と適切な提示や助言が必要な時もある。したがって，保育者には，子どもに適切な提示や助言ができるよう，技術的知識や知恵を備えるといった常日頃の**自己研鑽**が求められる。

自己研鑽

（3） 5歳児クラスの場合

1）イメージしたことを，自分で表現できるようになる。

5歳くらいの子どもは，物の性質や特徴を理解して，何をどのように使えばよいのか考えられるようになってくるので，思い思いにさまざまな材料を組み合わせて，ひとつのものをつくり上げるようになる。

そればかりか，自分がイメージしたことを自分なりに表現できるようにもなり，自分がやってみたい表現とできることとが一致してくる。そして，イメージをふくらませながら，書いたり，つくったり，自分がつくりたいものをつくり，**自分の表現**に充実感をもてるようになってくる。しかも，自分の好きな，得意な表現方法を見つけ出せるようにもなる。

自分の表現

CASE 🎵

忍者の休憩所をつくる

大きな段ボールを壁にみたて，その壁に絵具で絵を描き，子どもたちは自分たちでつくった忍者の休憩所を眺めている。K男「手裏剣入れがいる」。M男「入口にピンポンのボタンをつけるといいかも」。N男「ずきんを片づける場所もいるよ」。R男「椅子がある方が休憩しやすいかな」と，話しだし，再び，いろいろな物をつくり始めた。

2）力をあわせ，心をあわせ，協同でつくろうとする。

幼稚園生活での友だちとの関わりを育まれている子どもたちは，それぞれのイメージを出し合い，友だちの意見を聞き，互いに意見をするなど，友だちとの話し合いを繰り返しながら，遊びを進めたり，**イメージをひとつにまとめて表現**していこうとするようになる。

イメージをひとつにまとめて表現

第9章 「表現」の指導事例(2)——幼稚園の場合 **97**

> ### CASE 🎵
> **自分の意見，友だちの意見**
>
> 　保育者「フルーツバスケットを今からしようと思うの」と言うと，子どもたちから「やったぁ」「フルーツバスケット大好き」といった，にぎやかな声，手をたたく，笑顔が保育室に広がった。
>
> 　保育者「どのような形の座り方にしようかな」。A男「まる」。B男「しかく」。C子「しかく？」D子「フルーツバスケットはまるだよ」。B男「しかくでも，いいじゃないかぁ」。
>
> 　四角の形の座り方にしてフルーツバスケットをする。ゲームが終わると，子ども「しかくの形でフルーツバスケットもできるんだね」

　そのような中で，友だちの意見を尊重し過ぎる子ども，自分の主張を控える子どももいるので，そのような子どもへの対応も忘れないようにしたい。

● 写真 9-4 ●　こうしてみようか

● 写真 9-5 ●　みんなで相談

3 保育実践上の留意点

　子どもは，生活のなかで体験したことや思ったことを，書いたり，つくったりしている。その際に保育者が，留意したいことを説明する。

(1) 音楽づくり（歌・替え歌）

　子どもは一般に，音楽に関わる活動が好きで，即興的に**歌**をつくったり，替え歌をつくったりして歌うことがしばしばある。

CASE ♪

替え歌①──3歳

　ブロックで遊んでいるA男とB子のところに，ブロックをたくさんかかえたC男とD男が「これ，ちょうだい」と言う。B子「いいよ」。C男「やったぁ」。D男「イェーイ」。C男「お宝，一杯」。D男「おったから，おったから」。C男「イェーイ」。D男「おったから，おったから」と唱えているうちに，【焼き芋グーチーパー】（坂田寛夫作詩・山本直純作曲）の曲にのせて，C男「♪おたから，おたから，おたかぁら♪」，D男「♪イェーイ♪」，C男「♪おたから，おたから，おたかぁら♪」，C男「♪イェーイ♪」と歌っている。A男とB子も歌いだし，他の遊びをしていた子どもたちも，「♪おたから，おたから，おたかぁら♪♪イェーイ♪」と参加している。踊りながら歌っている子どももいる。

　つぶやいたり，ひとりごとを言ったり，口ずさんでいるうちに歌になることがあり，ときには，この事例の様に，すでに存在しているメロディーを使い，歌詞だけを子どもがつくる場合もある。いわゆる替え歌である。ちょっとした**偶然**が**替え歌**になることがある。

偶然
替え歌

CASE ♪

替え歌②──5歳

　屋台ごっこがすみ，クラス全員が輪になり，秋のうた【大きなくりの木の下で】（作詩者不詳・外国曲）の手遊びをしていたとき，J朗「クリじゃなくて，屋台にしよう」と言いだし，【大きなくりの木の下で】のメロディーで「♪大きな屋台のしたで♪」と歌っている。

　上記の事例のように，5歳児では，3歳児とは異なり，意図して替え歌をつくることもある。

　子どもが，感じたこと，思ったことを，歌で表す活動は，いつ，どこで起きるか，歌をつくる子ども自身すらも予測ができない。たとえば，譜例9-1のようにお手洗いで並んでいる時に「♪といれはじゅんばん♪」（4歳男児）と歌うといった，「偶然」が多い。よって，子どもが自分でつ

●譜例9-1●　といれはじゅんばん（4歳男児）

●譜例9-2●　育てたヒヤシンスの花が咲いた後につくった歌（5歳女児）

第9章　「表現」の指導事例⑵──幼稚園の場合　99

くった歌を歌っている場面を，保育者は**見過ごさない**ようにしてほしい。　　見過ごさない

　即興的な歌ばかりでなく，譜例9-2のように5歳女児が過去に体験したことを歌にして表現している時もある。しかし体験をして，思ったり，考えたりすることがたくさんあっても，歌にすると短い歌になることもある。

（2）年齢にみる援助の違い

　子どもの発達に適した遊びやすさ，使いやすさ，興味や関心に応じてさまざまな表現活動ができるような用具や素材，遊具の，**適切な準備**や　　適切な準備
保育者の関わりが大切である。おまつりごっこを主題にした事例を示す。

CASE 🎵

保育者の機転と手早い作業――3歳クラスの場合

　日曜日にお祭りがあった翌日に登園してきた子どもには，「お父さん，お母さん，Tくんとお祭りに行った」。「大きなおみこしがあった」。担任は，急いで部屋を出ていくと，段ボールと長い棒を2本もって保育室にもどってきた。段ボールと2本の長い棒を組み合わせると，「みて，みて，私，つくったの」子どもたちに話かけた。すると，数人の子どもがお神輿に集まってきて「よいやさ」「よいやさ」と歌いはじめたり，神輿を担ぎだしたり，空のペットボトルを割り箸でたたいてリズムを出したりした。昼食後の遊び時間には，その子ども達とは違う，子どもたちが，お神輿に，模様や絵を描いた紙を貼ったり，折り紙を貼ったり模様をつけている。その後，数日，お神輿を介して，つくったり，演じたりの遊びが続いた。

● 写真9-6 ● 　よいやさ！

　上記の事例のように，保育者の**機転**と**手早い作業**が，子どもに充実し　　機転
た表現活動を支えることになるのである。　　　　　　　　　　　　　　　　手早い作業

　3歳児は，❷(1)で説明したように，いつもとは違う事柄やできごとに敏感である一方，はさみで何かを切ったり，物を合体したりするために張りつけたりするといった，技術的な発達は未発達の子どももいる。

だから，事例のように，保育者には，遊び仲間という立場で，子どもたちの話題の中心となっているおみこしの土台を手早くつくるような機転と手早い作業が要求されるのである。

CASE🎵

子どもたちのおしゃべりにアンテナをはる──5歳児クラスの場合

日曜日にお祭りがあった翌日に登園してきた子どもは「昨日，お祭りに行ったよ」「私も，行ったよ」「あれ，かっこよかったなぁ」「おじさんたち，すごい，大きい声だしてたなぁ」と友だち同士で話しをしている。

お祭りの話題で盛り上がっている様子をみた担任は「みんなも，クラスのおみこしをつくればいいのに」と子ども達に話しかけると，「よし。つくろう」と，つくり始めた。保育者は，おみこしつくりに適した，材料をそっと，さりげなく，用意をしている。たとえば，描いている絵が映えるような色のガムテープ，飾りものがすぐにはがれ落ちないようなテープ，土台と段ボールを結びつけるヒモは思い切り遊んでも壊れないような頑丈で，しかも，子どもが扱える太さのものなどを用意している。

前の事例のように，3歳児クラスの子どもは話す相手が保育者であることが多いが，この事例のように5歳児クラスになると，友だちとを話しをしていることが増える。子どもたちが話している話題に，保育者が**アンテナ**を張りめぐらし，子どもたちの発話を聞き落さないことは当然のことといえよう。つまり，子どもたちの興味や関心を，キャッチし，**展開**してゆくことが大切である。この事例では，保育者が**さりげない**，かつ，お神輿つくりに適した材料の準備をし，子どもたちの話題を展開している。この，さりげない，かつ適した材料の準備は，保育者が突発的に発想したものであっても，その背後には，保育者がたてている綿密な計画や保育者がもつ子どもたちに育ってほしい願いが存在しているのである。

アンテナ

展開
さりげない

4 子どもの豊かな感性を育むには

本章 ❶，❷，❸ では，幼稚園教育要領「ねらい」(2)「感じたこと

第9章 「表現」の指導事例(2)──幼稚園の場合　101

や考えたことを自分なりに表現して楽しむ」(3)「生活の中でイメージを豊かにし，様々な表現を楽しむ」ことに触れつつ述べてきた。本項では，ねらい(1)「いろいろなものの美しさなどに対する豊かな感性をもつ」について説明する。

　いろいろなものの美しさなどに対する豊かな感性をもつには，人間の心の奥にある「**美を感じる心**」や「**感動する心**」が存在していなければならない。「美を感じる心」や「感動する心」は，物がきれいというだけではない。**自分の行動**（生活・遊び）にも，**他人の行動**（生活・遊び）にも，美しさや感動がある。たとえば，働いている人の姿，スポーツをしている人の姿に，心をうたれたり，感心したりすることがあるだろう。また，自分が一生懸命に物事に取り組むこと自体が美しいのである。それらの美や感動が豊かな感性を育んでいく。

美を感じる心
感動する心

自分の行動
他人の行動

　子どもがいろいろなものの美しさなどに対する豊かな感性を育むには，子どもを取り巻く**物的環境**，子ども自身を含んだ**人的影響**が大きく関わる。子どもの身近にいる保育者は，言葉使い，立居振舞い，みだしなみ，態度，整理整頓，そしてみずからの心もちに細心の注意をはらって子どもと過ごしていってほしい。

物的環境
人的影響

【引用・参考文献】
1）文部科学省『幼稚園教育要領解説　平成20年10月』2008年
2）小西行郎監修『子どもの心の発達がわかる本』講談社，2007年
3）河原紀子監修『0-5歳児の発達と保育と環境がわかる本』学研教育出版，2011年
4）『二年間の学びを終えて（39回卒業生）』姫路日ノ本短期大学，2014年
○写真協力　姫路日ノ本短期大学付属幼稚園

お薦めの参考図書

① 無藤隆監修『新訂 事例で学ぶ保育内容〈領域〉表現』萌文書林，2018年
② 今井真理編著『保育の表現技術実践ワーク—かんじる・かんがえる・つくる・つたえる』保育出版社，2016年
③ 新リズム表現研究会編著『身体表現をたのしむあそび作品集』かもがわ出版，2018年

まとめ

1　豊かな感性や表現する力を養い，創造性を豊かにしてゆくことは，子ども自身が充実感をともないながら，心を動かすことによって行われる。子どもたちが充実感を味わって活動ができるような援助を適切にする役目が保育者にある。

2　3歳児クラスの場合，いつもとは違う事柄，風景，ささいなことに敏感である。同じ場にいても，イメージすることが一人ひとり異なっている。保育者は，受け止めにくい言葉でさえも，受け止め，共感できるようにありたい。

3　4歳児クラスの場合は，創造力と推理力がのび，感じたことや考えたこと，想像や空想の世界を友だちと楽しめるようになる。目にみえる形で表現しようとするが，うまくいかないときも多い。自分が思っていたようにできなかったときに，理由を考えることが重要である。保育者は，適切な提示や助言ができるよう，技術的知識や知恵を備えるなど常日頃の自己研鑽を心がけたい。

4　5歳児クラスの場合は，自分の表現に充実感をもてるようになり，自分の好きな，得意な表現方法を見つけ出せるようにもなってくる。友だちと，力を合わせ，心を合わせ，協同でつくろうとするようにもなる。保育者は，自分の主張を控えがちな子どもへの配慮を丁寧にしたい。

5　感じたこと，思ったことを歌で表す活動は，いつ，どこで起きるか，予測がしにくい，あるいは，「偶然」が多い。子どもが自分でつくった歌を歌っている場面を，保育者は見過ごさないようにしたい。

6　子どもたちが話している話題に，保育者がアンテナを張りめぐらし，保育者の機転と手早い作業や適切な素材準備が，子どもの充実した表現活動を支えるのである。

7　子どもが美しさに対する豊かな感性を育むには，子どもを取り巻く環境，とくに保育者の姿が大きく影響する。

第10章

「表現」の指導事例(3)――小学校の場合

1 算数科の場合

(1) 表現する力の育成

小学校に入学すると時間割にそって学習が進むことになる。時間割は，国語や算数，体育等といった「教科」と「特別な教科」道徳，そして，特別活動や総合的な学習の「時間」が学習指導要領の標準授業時数にそって組み合わされ作成されている。

最初に押さえておきたいことは，子どもたちの「表現」する力は，一部の教科や時間で育てるものではなく，**教育活動のすべて**を通して育むものであるということである。

子どもの生活や学習の中には，さまざまな音や色，形，手触り，匂い，動きなどがある。さらに，自分が感じたり思ったりしたことを他者に伝え，共有・共同することによって，子どもの世界は大きく広がっていく。小学校では，これらに気づいたり，探究したり，伝え合ったりすることで，子どもの情操や創造力を育み，自ら考える力，対話する力，問題をよりよく解決する力を教育活動のすべてを通して育成するための指導方法を研究し実践に結びつけている。

教育活動のすべてを通して**「表現」する力**を育んでいくことが重要なことを押さえた上で，算数科の数の学習の場合を紹介する。

教育活動のすべて

「表現」する力

(2) 算数科における表現

算数科2年の「100より大きい数」では，3けたの数の読み方，書き方を学習する。位に着目しながら，それぞれの位にあてはまる数字を考え，書き方や読み方を学習する。また，位に何もない場合，0を書くこ

とも学習する。視覚的に数を理解できるように，タイルや数のカードを用い，操作することで，数の量感を捉えていく。また，数のカードを活用して具体的な数の操作を行い，3位数の位取りの仕組みや数の構成の理解をはかる。その学習のなかで，ワークシートに自分の考えを書くことや友だちと自分の考えを話すことで，数学的な考えを深めることに重点をおいている単元である。

CASE ♪

算数科　2年「100 より大きい数」

◎単元目標
　○ 1000 までの数について，その意味や表し方を理解する。
　○自分の考えを絵や図，文を使いながら，ノートなどに表したりその考えを友だちに話したりする。

◎本時の目標
　○ 3けたの数を読んだり書いたりすることができる。
　○自分の考えを友だちに話すことができる。

　授業では，間違いに臆することなく発表できる児童もいれば，そうでない児童もいる。自分の考えを積極的に発言できるように，手をあげている人全員で答えを言う「ぶつぶつタイム」や自分の考えを近くの友だちに伝える「ごにょごにょタイム」を設けて子どもたちの「表現」する力を育んでいる。

　「表現」する力を育てるには，相手を意識した**「伝え合い」**が重要である。「伝え合う」ためには，日頃から受容的に聞くことや相手に伝わる

伝え合い

● 写真 10-1 ●　考えを表現する子ども

● 写真 10-2 ●　伝え合いをする子どもたち

● 表 10-1 ●　算数科学習指導案　「100 より大きい数」

学習活動	教師の指導・支援	学習評価
1　本時のめあてを知る。	・ワークシートを配布する。	
	め　3けたの数を読んだり，書いたりしよう。	
2　本時の課題を知る。 タイルは何こありますか。数字で書きましょう。	・タイルの数を読ませたり，数のカードを置かせたりする。	
3　見通しをもつ。 ・206 ・26	・ワークシートのタイル図や数カードを確認させて，見通しをもたせる。	・タイルの数を自分なりに考え，ワークシートに書こうとしている。【関心・意欲・態度】 ・自分の考えを友達に話そうとしている。【思考・表現】
4　自分の考えを友だちに話す。 ・100 が 2 つと 1 が 6 こだから，206 です。 ・百の位が 2 つ，十の位に何もないから 0，一の位に 6 つだから，206 です。 ・真ん中のくらいは，何もないから，何も書かない。だから 26。	・自分自身の考えを話したり，聞いたりさせることで数学的な考えを深めさせる。	
	ま　くらいごとに，まとまりの数を書く。 　　くらいになにもないときは，0 を書く。	
5　練習問題をする。	・最初の問題は，数のカードを活用して，具体的な操作を入れる。	・3けたの数の読み方や書き方を理解している。【技能】
6　本時の学習を振り返る。		

※め　めあて　　ま　まとめ

ように話すといった**「伝え合い」のルール**を指導することが大切である。

「伝え合い」のルールを指導する時には，まず，聞き手に，話し手に心と身体を向け，うなずきを交えながら聞くことを指導するとよい。安心して自分の思いを伝えるためには，聞き手に受け入れられているという受容感が大切だからである。その上で，話すときの声の大きさや間の取り方，具体物の活用等について考えさせ，子どもたちの「表現」が**"キャッチボール" のような「伝え合い」**になるように指導者は支援を重ねていくことが重要である。

「伝え合い」のルール

"キャッチボール" のような「伝え合い」

2 特別の教科道徳の場合

（1） 特別の教科道徳の誕生と評価

　平成30（2018）年度より，小学校では，新学習指導要領に基づき「道徳の時間」が「特別の教科道徳」として生まれ変わった。これまでは読み物教材や映像資料をみて登場人物の心情理解を行ってきたが，教材から読み取った内容や道徳的な価値を自分のこととして受け入れるなど自我関与までいかないと「特別の教科道徳」の授業とはいえない。「特別な教科道徳」では道徳的な学びの充実が求められているのである。

　また，「時間」が「特別の教科」になることで，今までなかった評価をつけることになり，小学校ではその評価規準を明確にするなど評価に対する検討を行ってきた。

　Ａ市立Ｂ小学校では，次のような評価規準を作成し，保護者にも周知している。

1　「できる」「がんばろう」といった段階評価ではなく，文章で表記します。

2　個々の授業ごとの内容で評価するのではなく，各学期に学習をし，内容を一つのまとまりとして評価します。

3　他の児童との比較による相対評価ではなく，児童がいかに成長したかを積極的に受け止めて認め，励ます個人内評価として行います。

4　観点については，以下の4点とします。
　(1)　道徳的諸価値の理解をすることができているか。
　(2)　自己を見つめることができているか。
　(3)　物事を多面的，多角的に考えることができているか。
　(4)　自己の生き方についての考えを深めることができているか。

5　評価にあたっては，学期ごとにおける児童の具体的な取り組み状況や感想文・ふりかえり，あるいは自己評価といった記述により，児童の変容（成長）を見取り評価をします。

　道徳教育については，これまでも自然と評価を行ってきた。子どもの

道徳性が感じられた時，通知表の所見欄に「困っている子がいるとやさしく声をかける姿がみられました」などと書いてきたのがその例である。これに対して「特別の教科道徳」の評価では，授業の中での子どもの姿や変容をワークシートや道徳ノートなどを活用して評価として書くため，指導者は今まで以上に指導観をしっかりもって授業に臨むことが大切である。

（2）特別の教科道徳における表現

CASE

特別の教科道徳の授業　6年「マザー・テレサ」

「マザー・テレサ」の生き方について，自分と重ねて考え，自分の生き方に生かしていく授業である。思ったことや気づいたことを伝え合う場面が組み込まれている。

工夫して聴いたり発表したりする伝え合いの中で「表現」する力の育成を図っている。

学習の最後に，振り返りをワークシートに記入する。学期ごとにワークシートを振り返ることで，指導者だけでなく子ども自分の変容や成長に気づくことができるようになっている。

● 写真 10-3 ●　伝え合いをする子どもたち

● 写真 10-4 ●　ワークシートに振り返りを書く子ども

幼稚園教育要領の「表現」のねらいは，「感じたことや考えたことを自分なりに表現することを通して，豊かな感性や表現する力を養い，創造性を豊かにする」ことである。そして，その内容では，「伝え合い」の大切さにも触れられている。小学校の特別な教科道徳の授業は，幼稚園教育要領の「表現」のねらいや内容と深いつながりをもつ学習である。

子どもに「表現」する力をつけていこうとする時，その育成に関わる指導者は「表現」する場を授業に設定し，子どもたちの頑張りを認めて

道徳教育全体計画（平成 30 年度）

道徳教育全体計画

* 日本国憲法
* 教育基本法
* 学校教育法
* 学習指導要領
* 各市町村の教育委員会の教育目標
* 児童憲章
* 人権宣言

学 校 教 育 目 標

「子ども同士がお互いを認め合い，
　　　　高め合い，自己の存在感を実感できる学校」
　　　　　　　　　　　　　　　（行きたくてたまらない学校）
「わかる授業をめざし，編成したカリキュラムに基づき，
　　　　　　　ていねいな指導を行う学校」
　　　　　　　　　　　　　　　（わかる喜びを感じる学校）

- ち　がいをみとめあう子
- さ　いごまでがんばる子
- と　もにまなびかんがえる子

児 童 の 実 態

・明るく素直で，活動的な児童が多い。
・積極的に取り組む反面，集中力，持続力は不足気味である。
・家庭環境により，基本的な生活習慣が身についていない児童も少なくない。

道 徳 教 育 の 目 標

道 徳 教 育 重 点 目 標

・生命を大切にし，相手を思いやる心を育てる。
・強い意志とねばり強くやりぬく態度を育てる。
・基本的生活習慣を身につけさせる。

教師・父母・地域の願い

・心豊かでたくましい子
・自主的・意欲的に学習する子
・友達と助け合い，協力し合える子
・自分の考えを伝え合う子
・健康で思いやりのある子
・ねばり強くがんばる子

学 年 の 重 点 目 標

1 年　みんななかよし
2 年　やさしさを友だちに
3 年　思いやりの心を大切に
4 年　仲間とともに
5 年　仲間を思いやり，責任を持って行動する子
6 年　仲間を大切にし，正しいと思うことは進んでする子

人 権 教 育 目 標

一人ひとりを大切にし，
　　人権尊重の心を育てる
①自分とともに友達を大切にする心を育てる。
②男女の違いを認め合い，共に力を合わせて生きることの大切さを理解させる。
③平和を愛し，「いのち」を大切にする心を育てる。
④自分の成長を見つめると共に，「いのち」の大切さを理解させる。

道 徳 科 の 時 間 の 指 導 方 針

・年間指導計画に基づき，児童・学級の実態に応じて指導する。
・児童が自ら学んでいく学習を大切にし，それぞれの内容項目の指導の充実をはかることで，道徳的実践力を高める。
・道徳の学習・体験をふまえた基本的な生活習慣の指導を徹底する。
・生命の大切さに気づき，互いに尊重しあう児童を育成する。

補充・深化・統合
〈全教育活動を通して〉

家庭・地域社会との連携

・授業参観，学級懇談，家庭訪問　個人懇談
・学校便り，学年便り，学校 HP　校長ブログ，生活指導，教育相談
・PTA，学校評議員，子ども見守り隊
・ゲストティーチャー，高齢者会との交流
・花プロジェクト

各教科における指導を通して	特別活動・総合的な学習における指導を通して	学級・学校の環境の充実
＊各教科の目標や内容や教材や学習指導の中で，道徳教育のねらいと関連するものを通して深化を図る。 ＊効果より過程を重視するなど，児童が成就感を充分味わうことができるよするとともに学級内の人間関係を醸成するよう配慮する。	○特別活動 　児童の自主的な活動を通して，互いを知り合い協力し合う集団を育てる。 　　・学級活動　・児童会活動　・学校行事　・クラブ活動 ○総合的な学習 　興味・関心をもって活動し，課題を見いだし解決する力の育成。 　自分の思いを表現し，学んだことを生活の中で活かす。 ○日常の生活面での指導 　一人ひとりを大切にする集団をめざし，人間尊重の精神を深める。 　人の心の痛みが分かり，ともに励まし支え合い，差別を許さない児童を育成する。	・学校園，学年園の整備活用 ・動植物の飼育栽培 ・草花野菜作り ・児童会，学級活動の充実 ・施設，設備の改善

● 図 10-1 ● 道徳教育全体計画

いくことが重要である。自分の考えや思いをうまく伝えられない子どもがいることを忘れず，ペアで考えや思いを伝えあったうえで，グループで意見をまとめ，全体の場で発表するといったステップを踏むことも「表現」する力を育むうえで有効である。

　また，**道徳教育と同じく，日常のすべてのことは子どもの「表現」する力を養っていく機会**であるととらえて，子どもの声に耳を傾け，その頑張りを認め，さまざまな場面で「表現」する力を育成していくことが大切である。

道徳教育と同じく，日常のすべてのこと
「表現」する力を養っていく機会

教育計画実践指導上の留意点

（1）「伝え合う」力の育成

　小学校の6年間は，保育園や幼稚園との接続のもと展開され，中学校の3年間に繋がっていく。**校種間で連携**して子どもたちの「表現」する力を育成していくことが重要である。

校種間で連携

　すでに述べたように，「表現」する力は，すべての教育活動はもちろんのこと子どもの**日常生活全体**で機会をとらえ，育成するものである。

日常生活全体

　小学校において「表現」を考える時，子どもたちが「発表」している場面を想像する方も多いが，「発表」という学習場面だけでなく日常生活における「**伝え合い**」が大切である。指導者は「伝え合い」の場を設定し，ペア学習やグループ活動を活用し伝え合う力を育成することが重要である。

伝え合い

　「伝え合う」ためには聴き方や話し方といった「伝え合い」のルールが必要となる。それを指導し，うまくできた時には褒め，うまくできなかった時には「どうしてうまくできなかったのか」を考えさせることが大切である。

（2）「表現」する力の育成

　「表現」する力を育成するには，言語とともに作品による表現や身体

表現，そして音楽による表現など**非言語における「表現」**を育んでいくことが大切である。

また，**「体験」**がとても重要な役割を果たしていることを忘れてはいけない。子どもたちは「体験」を通して「表現」する力を育んでいるといっても過言ではない。指導者は「体験」の重要さを常に意識することが大切である。

子どもは自ら体験したり周りの人から**認められたりすること**で自信をもち「表現」する力を高めていく。指導者は，子どもたちの日常生活の**あらゆる機会**を「表現」する力を育む場ととらえ，子どもを支援していくことが重要である。

非言語における「表現」

体験

認められたりすること

あらゆる機会

【引用・参考文献】
1）文部科学省『小学校学習指導要領』2017 年
2）文部科学省『幼稚園教育要領』2017 年
3）矢野正・宮前桂子『教師力を高める学級経営』電気書院，2011 年

お薦めの参考図書

① 無藤隆・柴崎正行・秋田喜代美編著『幼稚園教育要領の基本と解説』フレーベル館，2018 年
② 無藤隆監修『幼保連携型認定こども園教育・保育ハンドブック』学研教育みらい，2017 年
③ 石上浩美編著『保育と表現』嵯峨野書院，2015 年
④ 矢野正・柏まり編著『保育と人間関係』嵯峨野書院，2015 年

まとめ

1 小学校で「表現」する力を育成していくためには，保育園や幼稚園，そして，中学校との連携が大切である。

2 「表現」する力を育成するためには，教育活動全体はもとより子どもの日常生活全体を「表現」する力を育成する機会ととらえ「表現」する力を育んでいくことが重要である。

3 「表現」する力を高めていくためには，「伝え合い」の場を設定し，ペア学習やグループ活動を活用することが大切である。

　「伝え合う」ためには，「伝え合う」ためのルールが必要である。受容的に聴くことや相手にわかりやすく話すことなどを具体的に指導し，「伝え合い」が"キャッチボール"のようになるように支援していく。

4 言語による「表現」と同時に，作品による表現，身体表現，音楽による表現といった非言語による「表現」する力を育成する。

5 体験を通して子どもは「表現」する力を高めていく。「表現」する力を育成するとき，体験が重要である。

6 子どもは，認められることで自信をもち，自信をもつことで「表現」する力を高めていく。あらゆる機会を「表現」する力を育む場ととらえ，支援していくことが重要である。

第11章
生活の中にある造形的「表現」

1 生活の中にある色と形・風景の世界

　毎日の暮らしの中で新しい発見をしたり，微妙な景色の変化に気づくことがある。それは，空の雲の形であったり，街路樹の葉の色であったり。何かしらの小さな変化を日々の暮らしで見つけることができる。その気づきを**感性**に乗せ，「表現をすること」は，人が生きていく上でとても重要である。

感性

　表現することで人と繋がること・世の中とつながること，そして自分の気づきや気持ちを再確認できる。また「伝えたい」気持ちを他者と共有できる**コミュニケーションツール**としても「表現」は存在する。

コミュニケーションツール

　本章では子どもがさまざまな素材や画材を使いながら**自己表現**をする「**造形**」について，事例を用いて紹介する。

自己表現

造形

● 写真 11-1 ●
「カーテンおばけ」

● 写真 11-2 ●
「砂遊びのケーキ」
子どもの気づきと造形表現

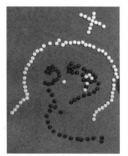

● 写真 11-3 ●
「碁石ならべ」

113

（1） 子どもの「気づき」や「表現すること」に対して大人がつくる環境

「つくることや表現できる場所・時間を整えること」「安心して活動できる環境づくりをすること」で，子どもが肯定された居場所ができる。ありのままの表現を受け入れられることは子どもの**発達**にとってとても重要であり，心身の健やかな成長や**自己肯定感**につながる。そんな肯定された環境での保育・活動の積み重ねは，子どもたちが今後21世紀を生きていく上での糧となる。

幼児教育の改定により近年注目されている「**アクティブ・ラーニング**」（「主体的・対話的で深い学び」）を積極的に活動に取り入れ，子どもが学びの主人公となり（主体的），人と刺激しあって新しいアイデアを生み出し（対話的），自分の持っていた知識と新しい情報が結びつく（深い学び）ような環境づくりの工夫が必要である[1]。

発達

自己肯定感

アクティブ・ラーニング

（2） 遊びから始まる素材との関わり

子どもたちの主体的な活動や多様な体験を保障し，友達や保育者とのやりとりなどで自らの考えを広げ，気づきや工夫をする体験が次の体験と結びついていくような環境を意識する[2]。

生活の中にある素材を見つけて遊ぶ子どもは，それを扱う天才である。大人にとって子どもが見つけた素材は一見，意味のないものに思えることもあるが，そこには子どもなりの**こだわり**や物語がたくさん込められている。大人がそのようなありのままの声を受け止めることで，子どもは**創造の世界**を無限に広げることができる。

こだわり

創造の世界

素材を宝物のように集めたり並べたりしてひとしきり遊びながら，新たな可能性を見つけ始める子どもたち。

そしてこの時に，大人の価値観だけで子どもが見つけたものを「いる・いらない」などで判断してしまうと，自分の見つけたモノを否定されたような気持ちになり，創ることへの興味を失ってしまう可能性がある。子どもが思いのままに素材を扱い，自分の創造の世界に没頭しながら遊びの延長によって「こうしたい」という意志を持ち，考えたりつくったりと試行錯誤を繰り返し「造形」を展開させていく。このプロセス

が大切である。

● 写真 11-4 ●　　● 写真 11-5 ●　　● 写真 11-6 ●　　● 写真 11-7 ●
「季節を並べる」　　「小石拾い」　　　「ストローを組む」　　「おはながみを飛ばす」

素材との出会い・興味・遊び

　五感を通して触れた素材との出会いは，子どもの創造力を経て素材そのものを超えていき，また新しいものへと創造される。たとえそれが形として残らないものでも，それは子どもが純粋に「創ること」に向き合えた軌跡である。

五感

　大人はその過程を丸ごと見守り，子ども一人一人を**表現者**として受け止めたい。

表現者

2 造形活動の現場から

　同じ活動環境にいても，活動したい子もいれば，したくない子もあり，楽しい子もいれば，楽しくない子もいる。いつまでもつくりたい子，もうおしまいにする子。それぞれである。

● 写真 11-8 ●　　● 写真 11-9 ●　　　● 写真 11-10 ●　　● 写真 11-11 ●
「アイデアの共有」　「世界にひとつのクリ　「発見すること」　　「夢中になる」
　　　　　　　　　スマスツリー」

第 11 章　生活の中にある造形的「表現」

(1) 絵の具を使った活動の提案

　絵具を触る活動の際は，おそるおそる・ダイナミック・全部混ぜる・触らない・手足に塗る，など子どもによってさまざまな反応が見える。

● 写真 11-12 ●
「絵具の感触」

● 写真 11-13 ●
「手のひらもキャンバス」

● 写真 11-14 ●
「指で描く」

　その中で「絵の具に直接触りたくない」という子どもには無理に触らせずに少し見守る。「みんなやってるからやろうね。」という励ましは，触りたくないと正直に思う子どもの気持ちを「触るみんなが正しい。触らないあなたは間違っている」と，否定してしまう可能性がある。

　それをきっかけに，その子どもにとって絵の具の活動が憂鬱なものになったり，先生に言われるからしなければならないこと，になるかもしれない。

　本人に任せていると，しばらく周りを観察した後に自分のタイミングで活動に入る場合もあるので，**自発的な興味**や気持ちの変化があるまで待つことも必要である[3]。

自発的な興味

　一人一人，興味を持つタイミングや絵の具に触れるまでの時間のかけ方は違う。その違いを理解し見守ることを大切にしたい。

(2) 泡遊びからの展開

　3・4・5歳児の異年齢の子どもたちと，石鹸を使った泡遊び活動をする。

CASE 🎵

「泡遊び活動からの展開」
　最初にグループで泡をつくり，できた泡をバケツに溜めていく。

ある程度泡が溜まったところで，紙コップに絵の具とスプーンを入れ，それぞれのグループにそれらを置き様子を観察する。
　溜めた泡に直接絵の具を入れたり，泡をすくって紙コップに入れぐるぐると混ぜたり，混ぜた色付きの泡を卓上に流し，マーブル模様をつくり出すなど遊び方は千差万別で，絵の具に水を混ぜて色水をつくり，泡に注いで泡ジュースに見立てる子どももいた。

　このように「泡を扱う」という同じ活動の始まりであっても「こうしたらどうなるんだろう」という**探究心**が芽生えることで，それぞれの泡づくりが織りなされる。

探究心

　造形活動の際，保育者が完成や正解を目指して手順を示すより，「子どもたちが自分でやってみる」ことを尊重したい。

　進め方やゴールを設定するなど「大人が先に決めたもの」は子どもの創造性をしぼませることになりかねない。またうまくいかないこともあるかもしれない。それでも見守りつつ，子ども自身が決めてつくり進めることを前提に，大人はほんの少しの提案や調べることを必要に応じてする程度にしておく[4]。

　大人の価値観を押し付けていないか，子どもの**感受性**やこだわりを見

感受性

● 写真 11-15 ●
泡づくり

● 写真 11-16 ●
絵の具と混ぜる

● 写真 11-17 ●
マーブル模様

● 写真 11-18 ●
泡ジュース

● 写真 11-19 ●　それぞれの泡づくり

● 写真 11-20 ●　机も作品

第 11 章　生活の中にある造形的「表現」　117

逃していないか，「子どもだから」という理由での過度な手助けをしていないか。などを常に意識することが大切である。

そうしてたどり着いたもの（作品）は，ありのままの「今の自分」を表現している。

造形は正解のない世界である。結果だけに目を向け過ぎず「今」を表現していることがとても重要で，自身がつくり，探してたどり着いた先にあるもの（作品）が，その子どもが導き出した「今」の答えだと言える[5]。

それは子どものこれからに「できる」という自信と**自己肯定感**，周りに受け入れられているという**安心感**を芽生えさせる。この情緒の安定は未来に向かって生きていく子どもたちの大きな力となるはずである。

自己肯定感

安心感

3 子どもの力で「学び」を向上させていく

できるできないという評価を下すのではなく「子どもは何をしたいと思っているのか」「子どもは何を必要としているのか」というアセスメント的な視点で，その子の持っている人間的可能性を信じて観察することが必要である[6]。

子どもの「こうしたい気持ち」を制限することなく「どうしたいと思う？」や「こういう素材もあるけれどどうかな？」など，子どもが意欲を膨らませていくような**提案**を大切にしたい。

提案

（1）「やってはダメ！」を，「やってみよう！」に変換すること

造形活動の中で「見方・考え方」は重要であり，まず子ども一人ひとりがそれぞれ違った見方・考え方であることに常に注目し，その違いを受け止めるよう心がける。

事例として，素材と素材を接着する時に使用する木工用ボンドの扱い方について紹介する。

118　第Ⅱ部　実　践　編

CASE ♪♪

「道具・素材の使い方とそれぞれの展開」

　共同で制作する際，使用するボンドに絵の具やカラーマーカーを混ぜ込み遊ぶ子がいる。その魅力に他の子どももはまり込み，制作を忘れてずっと色のついたボンドを混ぜていることもある。そんな子どもに気づいた筆者は，絵の具を混ぜ込んだボンドを制作に使うのはどうだろう，と子どもたちに提案した。

　紙コップの底に絵の具を入れ，その上から木工用ボンドを入れる。絵の具はボンドで隠れて見えなくなる。

　次に子どもがそれらの紙コップを選びヘラで混ぜると白だったボンドがどんどん色付き，瞬く間に歓声が上がる。

　「フワフワしてる。」「色が出てきた！」「クリームみたい。」と，ボンドをかき混ぜながら感じたことを口にする。

　絵の具入りのボンドを「ボンドクリーム」と呼びずっと混ぜたり，用意したたくさんのダンボール片や素材を組み立てたりと，子どもたちは嬉々としてさらなる創造の世界に入り込んでいった。

　ボンドの「素材同士を接着する」という使用方法だけで見ると，そこに絵の具を混ぜるのは「間違い」なことかもしれない。しかし「混ぜたらどうなる？」という子どもの小さな**好奇心**を「やってみよう！」に変えて試みることは，むしろ新しい発見を導き出し，作品に新鮮なスパイスを与える。

好奇心

　「使い方が違うよ。」「やめなさい。」「そんなことしてはだめ。」とすぐに否定してしまうよりも，絵の具がボンドに溶け込んでいく様子をうっとりと見つめながら混ぜる子どもの気持ちに寄り添ってみることで，子どもの創造力やプロセス・作品にも，さらなる**無限の可能性**が込められていくのである。

無限の可能性

（2）　子どもが夢中になれる環境づくり

　「手が汚れるから…」「服に着くから…」「後片付けが大変で次の保育が遅れるから…」「すぐに終わらないから…」。

　造形活動をする際に，このような都合や事情が先に立ってしまい，つい子どもの行動にも制限をかけがちになる。

　しかし，子どもは「使ってみたい」「触ってみたい」「感触を試したい」

第11章　生活の中にある造形的「表現」　**119**

● 写真 11-21 ●
「秘密基地」

● 写真 11-22 ●
「ここが気に入ってるんだ」

● 写真 11-23 ●
「ボンドクリーム・ペイント」

● 写真 11-24 ●
「色が変わった!」

● 写真 11-25 ●
「思いのままにつくる」

● 写真 11-26 ●
「ボンドクリーム・デコレーション」

● 写真 11-27 ●
「手を使って描く」

● 写真 11-28 ●
「足に塗る感触」

など**五感**を刺激するような「やってみたい!」の好奇心で溢れている。

そして手足や衣服に画材が付くことは,子どもが夢中になって造形に没頭した跡であり「何かに夢中になる」という,**発達**にとって重要な時間を過ごしている。

大人は子どもが**主体的**に制作に夢中になれる環境を準備し,素材や材料・道具や画材を「こう使うものだ」と先回りの説明をできるだけ控え,子どもに任せて**表現の幅を広げる**よう,準備をしてほしい。

子どもは自分自身で考え・気づき・行動し,また新しい発見をしては創作を繰り返す。そして大人はそんな子どもの好奇心や探究心に寄り添い同じ目線に立つことで,大人自身にも新しい気づきが生じる。その「お互いが学びあう」ことが造形の実践だけに限らず,保育の意義ではないかと考える。

五感

発達

主体的

表現の幅を広げる

(3) 固定観念を取り払う(「顔」を描くこと)

保育の時間に「顔を描いてみよう」という課題(とくにお当番表の自画

● 写真 11-29 ●　● 写真 11-30 ●　● 写真 11-31 ●　● 写真 11-32 ●

オクラを見る　表現する（観察・好奇心・イメージをアウトプットする）

 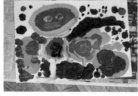 

● 写真 11-33 ●　　● 写真 11-34 ●　　● 写真 11-35 ●

「顔」の表現

像など）があるのを時折目にする。

　人の顔，自分の顔を見るのは日常的なことであり，取りかかりやすいモチーフという印象である。

　しかし「人間の顔」を絵で表現すると，みな同じような表現になってしまうことがある。

　表現の世界は自由である。「こうでなければならない」（顔とはこういうつくりでこういう色だ）という固定観念を持たず取り払うことで，子どもはそれぞれのイマジネーションを膨らませた，**個性的で豊かな表現**を生み出すことができるのではないだろうか。

個性的で豊かな表現

　まずは大人が「顔の描き方」のような手順を取り払い，絵の具で表現するなら色数や混色を増やしたり，「ここにはこの色を使う」などの指示をせず，少しでも子どもの表現が広がるように心がける。人それぞれ顔が違うように，色や形もその子どもにしか感じ取れない見え方や表し方があるはずだ。それは心の中にいる自分かもしれないし，想像のキャラクターかもしれない。

　表現を一括りにせず，一人ひとりの違いを大人がよく見て，よく知ることが大切である。

第 11 章　生活の中にある造形的「表現」　121

【引用・参考文献】

1）汐見稔幸『さあ，子どもたちの「未来」を話しませんか』小学館，2017 年，pp. 90-93
2）無藤隆・汐見稔幸編『イラストで読む！幼稚園教育要領・保育所保育指針・幼保連携型認定こども園教育・保育要領
　　はやわかり BOOK』学陽書房，2017 年，p. 21
3）浅羽聡美『保育園の「表現者」たちアートの流れる日々から』アトリエル・マタン，2016 年，pp. 42-43
4）前掲 2）p. 31
5）前掲 3）p. 10
6）前掲 2）p. 51

お薦めの参考図書

① 無藤隆・汐見稔幸編『イラストで読む！幼稚園教育要領・保育所保育指針・幼保連携型認定こども園教
　　育・保育要領はやわかり BOOK』学陽書房，2017 年
② 汐見稔幸『さあ，子どもたちの「未来」を話しませんか』小学館，2017 年
③ 浅羽聡美『保育園の「表現者たち」―アートの流れる日々から』アトリエル・マタン，2016 年
④ 大豆生田啓友編著『倉橋惣三を旅する 21 世紀型保育の探求』フレーベル館，2017 年

ま と め

1 生活の中で見つけた気づきを色や形で表現していく「造形」は，自身の気持ちを他者と分かち合えるなど，子どもの発達にとって大切なコミュニケーションツールである。

2 造形活動の際「安心して活動できる環境づくり」をすることで，子どもはありのままの表現が受け入れられ，心身の健やかな成長や自己肯定感を持つことができる。

3 素材遊びからさまざまな発見をし，その他の材料や画材を組み合わせて自分なりに考え工夫し，造形表現の幅を広げていくことが大切である。

4 大人の価値観で子どもの作品や行動を判断したり「できる，できない」などの結果だけを評価するのではなく，子ども自身がどれだけ創造の世界に没頭し，試行錯誤を繰り返したかというプロセスを大事にする。

5 子どもの感受性やこだわりを大切にし，子ども自身が「やってみる」と決めてつくり進めることをできる限り尊重する。

6 造形は正解のない世界であり，子どもが「今」を表現していることが重要である。大人がそれを受けとめることで，子どもは「できる」という自信を持つことができる。

7 大人は子どもが主体的に制作できる環境を準備し，できるだけ子どもに任せて表現の幅を広げることが大切である。

8 子どもの好奇心や探究心に寄り添い同じ目線に立つことで，大人自身にも新しい気づきが生まれ「お互いが学び合う」ことができる。

9 規制や固定観念を取り払い，自由な制作を見守ることで，子ども一人ひとりの個性あふれる豊かな表現に出会うことができる。

第 11 章　生活の中にある造形的「表現」　123

第12章 プロの音楽家による複合的「表現」と保育・教育・地域づくり

1 作曲における「表現」の世界

　絵本は，絵とお話でその世界が完成している。では，**絵本と音楽を融合**した場合の音楽の役割はどのようなものであるべきだろうか。絵やお話と，音・音楽を融合させる場合，いろいろなアプローチの仕方があるが，その目的や効果によって音楽の役割はさまざまである。本章では，「**絵本オペラ**」における音楽のあり方からその音楽の役割を考察する。

絵本と音楽を融合

絵本オペラ

（1）「絵本オペラ」の役割

　「絵本オペラ」を鑑賞することは，情感豊かな上質な音楽を身近に聴く体験をすることであり，子どもたちの心身の発達・成長の時期に豊かな情緒を育む援助となる。プロの音楽家の高度な演奏技術と豊かな音楽表現力によって，絵本がつくり出す世界にもうひとつの空間が広がり，時間の流れが息吹くこととなる。聞き手は，絵本や音楽を客観的に鑑賞するというところから，お話へのイメージをより膨らませてその世界，登場人物の心情に深く入り込み，心を一緒に動かすことになる。登場人物に寄り添うことで，その心情やお話全体を深く捉えることになるのである。

（2）「絵本オペラ　ともだちや」の音楽の役割

　内田麟太郎作品『ともだちや』[1)]の絵本オペラにおいて，テーマの曲を例にその音楽表現について述べる。

　主人公のキツネがともだちを探すために「ともだちや」となって，資料12-1のセリフを言いながら歩いて行く。お話の中では下記4場面で出てくる。

```
ともだちは　いりませんか。
さびしい　ひとは　いませんか。
ともだち　いちじかん　ひゃくえん。
ともだち　にじかん　にひゃくえん
```

● 資料12-1 ●　内田麟太郎作『ともだちや』より

① ともだちのいないキツネが，のぼりを振りながら「ともだちや」となって森を歩いている場面。
② 最初に出会ったウズラのおかあさんに，「あかちゃんがねむったばかり」と言われ，小声で歩く場面。
③ 次に出会ったクマと一緒にイチゴを食べて，お腹がシクシク痛みながらも歩く場面。
④ オオカミという，「ほんとうのともだち」ができて，その嬉しさからスキップしながら帰っていく場面。

お話を読み聞かせる時，資料12-1のセリフは①～④の各場面に合わせて，話のスピードや間の取り方，語調や語勢等を工夫することで，その情景や心情をより詳細に豊かに伝えることができる。

「絵本オペラ」の場合，資料12-1のセリフにメロディーが付き（譜例12-1），歌手が歌って表現し，楽器パート（この曲の場合はピアノとパーカッション）が伴奏を奏でる。歌手は場面に応じた声の音色や表情で歌っていく。そして楽器パートは，テンポや強弱のみならず，和声，伴奏リズムのスタイル，音域，使うパーカッションの種類などさまざまな作曲技法を駆使して多彩な表情を表して，より**場面に応じた音楽**に創り上げていく。このように，絵本のセリフに音楽が入ることで登場人物の心情をさらに具体化し，広がりのある背景を想像させ，お話の世界を多彩に豊かに広げていく役割を担うこととなる。

場面に応じた音楽

また，資料12-1は，お話の中でキツネが何度も言うセリフであるため，**覚えやすい歌**にすることで，聞き手にこのセリフをより深く印象付けることができる。実際に子どもたちは「絵本オペラ」を聴きながら一緒に歌っている。そして，一緒に歌うことで，より能動的にお話に参加することになる。その結果，子どもたちはキツネと同化して，場面②ではバツの悪いような，ちょっと困った**気持ちを共有**し，場面③ではお腹が痛くなったように歌う。その後のお話の展開に沿ってオオカミとの遊びを楽しみ，オオカミの心情に触れる。場面④では，ともだちができた喜びを**共感**して歌うことになる。

覚えやすい歌

気持ちを共有

共感

終曲では，ピアノとパーカッションによる後奏の中でこのテーマを豪華に奏でている。お話の後で歌詞のないこのメロディーを聴くことで，音楽から触発された映像を楽しむことを経験する。

第12章 プロの音楽家による複合的「表現」と保育・教育・地域づくり **125**

（3） 歌唱と伴奏

「絵本オペラ」に限らず，歌のパートは，歌詞に沿って気持ちのこもった表情・表現で歌いたい。そして，メロディーを支える伴奏パートにも注視したい。伴奏パートは，その曲の歌唱表現を援助する作曲家の**イメージの宝庫**であり，メッセージがたくさん詰まっている。前奏，後奏はもちろん，その音づかいや和音の響きや伴奏のリズムなど，興味深く捉えて演奏すると音楽の表現する世界がより豊かで広がりのあるものとなる。

イメージの宝庫

（ことば：内田麟太郎　曲：井本英子）

● 譜例 12-1 ●　「ともだちや」のメロディー（曲：井本英子）

2 歌唱による「表現」の世界

本節では，プロの歌手による子ども向けの音楽公演の際のポイントを，とくに歌唱の視点から，その注意点や工夫点，子どもたちの集中力をそらさないさまざまなアイデアなどを示していく。

（1） 子どもをひきつけるために

1）選曲とテンポ感

子どもたちの前で演奏する際に気をつけることは，選曲，その順番とメリハリ（バランス），テンポ感の3点について工夫することによって，子どもを飽きさせることなく，いかに楽しませるかが鍵となる。

①選曲：皆が歌いたくなるもの，参加型にできるもの，メロディーが

美しく，耳なじみのよいもの，季節の歌，歌詞に物語性のあるもの
などを取り入れる。

②順番：元気な曲の後はしっとりとした曲，短い曲のあとは長めの曲
などメリハリをつけ，テーマに沿って繋げていく方法もある。

③テンポ感：最も大事なもので，間をとりすぎずトントンと進めてい
くことが大切である。

2）言葉と表現

言葉が明確に聞こえることは絶対条件で，**歌詞の情景**が浮かぶように，
豊かな表現と**声の響き**を大切に，丁寧に子ども一人ひとりに語るように
歌う。

歌詞の情景

豊かな表現
声の響き

①導入：歌う曲の内容やエピソードを話したり，質問したりして，次
の曲に期待をもって聞く態勢になった時にすっとタイトルを伝え，
前奏に入り，歌い始める。

②視覚的な要素を取り入れる：強調したい言葉や表現，はっきりとと
らえてほしい部分は，手ぶりや身振り，演技を入れ，視覚的にも想
像しやすいように表現する。

③間奏もうまく使う：間奏は音楽をじっくり聴く機会ではあるが，少
し間がもたない場合は，その先どんな点を聞いてほしいか，また行
く末などを一緒に考えるために，少しお話を入れると効果的である。

（2）　「絵本オペラ　ともだちや」の歌唱における表現

「絵本オペラ　ともだちや」には，5匹の動物とナレーションが登場
する。主役のキツネはソプラノ歌手が，その他の役はテノール歌手が担
当する。また，「ミミズクじいさん」は，この話の始めと終わりに登場し，
高い木からすべてを見通すように，やわらかな表現で話の幕開きを告げ
る役割である。

「おぺろん」の公演では，公演中に子どもの参加を促すため，このキ
ツネの歌うフレーズを公演前に何度か一緒に繰り返し歌い，すでにある
程度歌えるように練習している。また，歌詞を覚えやすく，わかりやす
くするために「ともだち／いちじかん」という歌詞では，左手で数字の

第12章　プロの音楽家による複合的「表現」と保育・教育・地域づくり　**127**

1を指で表し,「ひゃくえん」という時に同じく数字の1を右手で表している。さらに,「ともだち／にじかん」の歌詞では,数字の2をそれぞれ指で表す。

● 写真12-1 ● 「絵本オペラ　ともだちや」
冒頭の歌唱練習シーン

1）「絵本オペラ　ともだちや」導入場面

　冒頭の場面では,キツネが現れ「え～！ともだちはいりませんか？」と,資料12-1のテーマの曲を歌う。その直後,早速ウズラのお母さんから「ともだちやさぁん」と声がかかる。キツネは嬉しそうに「うずらのお母さん毎度あり！」と答える。すると,「しーっ赤ちゃんが眠ったばかりなの」と言われ,大きな声を出せなくなってしまったキツネ。その状況に合わせて,音楽も途端にしっとりとした様子になり,キツネは,「え～ともだちはいりませんか？～」と少し息を混ぜ,小さな声で歌う。そのような**歌手の表現の変化**によって,子どもも**自然に状況を判断**し,一生懸命小さな声を表現しようとする。

> 歌手の表現の変化
> 自然に状況を判断

2）キツネとクマの場面

　次の場面ではテノール歌手によるクマが登場し,「なんだ！なんだ！声がちっちゃくて聞こえんぞ！」と突然大きな声で歌う。キツネはびっくりして,初めは大きな声で答えられなかったが,何度かのやりとりの後,最後にはホール一杯に響く声で,
　「ともだちやでーーーすーーー！」
と叫ぶ。この時ソプラノ歌手は,子どもがひとの生の声でもこんなに**素敵な響く声**が出ることを,耳や身体で感じることができるように意識し

> 素敵な響く声

ながら，できるだけ遠くに届く，よい声で発声するよう心掛けている。

　その後の場面では，「そうか！いくらだともだちや。買った買ったぞともだちや」とキツネとクマの交渉が成立する。キツネはクマに勧められ，普段食べないイチゴを「うまいうまい」とお世辞をいいながら食べ，ごくりと飲み込み，とうとうおなかを壊してしまう。クマに「ともだちにじかん　にひゃくえん」と伝えるも，お腹に力が入らず…。弱々しい声で「え～ともだちはいりませんか」と，とぼとぼ歩きだす。ここでソプラノ歌手には，「声を出したいけれどでない声」の表現が必要になる。「お腹に力が入らない＝最後までフレーズを支えきれない」ためである。「ともだちはいりませんか」の「か」の部分（語尾）を，少し力なく歌うと効果的である。また，数字を示す指先も少し曲げ，力が入らない状態であることを表現する。

3）キツネとオオカミの場面

　さらに次の場面では，「おーいキツネ！トランプの相手をしろ！」とオオカミがやってくる。ここで音楽は軽快なリズムを刻みだし，キツネとオオカミがトランプをしている様子を**スキャット**で表現する。スキャットとは，ジャズなどで使われる歌唱法。意味のない音で「ドゥビドゥビ」「シャバダバ」「パヤパヤ」などと歌う即興的な歌唱である。トランプをしながら，ソプラノとテノール歌手がお互いに掛け合うように歌い，打楽器とピアノがそれに合わせ，音楽的にも高度な演奏で盛り上がる様子が描かれている。この部分の歌詞は絵本の中にはなく，作曲者によるオリジナルで作詞されている。

スキャット

　ひととおり盛り上がった後で，キツネは「あのう…まだおかねをいただいてないのですが…」とおそるおそる小声でオオカミに伝える。すると，**不協和音**と**変拍子**による緊張感のある音楽が流れ，絵本いっぱいにオオカミの口が開いた恐ろしい絵が現れ，「お金だって！おまえはともだちから金をとるのか！それが本当のともだちか！」と，テノール歌手が**怒りに満ちた声**を表現しながら歌う。その緊迫した恐怖感いっぱいの空気に，泣き出したり，耳を押さえたりする子どももいる。一方で，この先の物語の展開について緊張感をもって見守っている子どもも多くい

不協和音
変拍子

怒りに満ちた声

る。

　キツネは，「本当のともだち？」という意外な発想にぽかんとするが，ここで音楽は，緊張からゆるやかな3拍子のワルツに変わり，オオカミであるテノール歌手は，やさしく「そうだ，本当のともだちだ。ともだちやなんか呼んだんじゃないぞ」と歌う。キツネも「そういえば，オオカミは"おい，キツネ"と呼んだのでした。」と思い出す。そして，「それじゃ明日もきていいの？」とキツネが問いかけ，「明日もあさってもなキツネ」とオオカミが答える。

　この場面では，ソプラノとテノール歌手による「本当のともだち，ずーっとともだち，あしたもあさってもずーっとずっと本当のともだち」という美しい**二重唱**がある。そして，オオカミはキツネに対する友達の証として，自分の一番大事な宝物のミニカーを渡す。ここは，本当の友達関係が成立しそれがこれからも続くという，「ともだちや」のストーリー全体のクライマックスであり，一番心が温まる場面である。やさしいオオカミと素直なキツネの気づきが子どもにとっても，ほっとするひと時となっている。

二重唱

4）最後の場面および演奏者の意図

　キツネは「ともだちや」のテーマ歌（資料 12-1）を再び歌い出す。今度は歌詞とリズムが冒頭とは異なり，ソプラノ歌手が，「ともだちはいりませんか／さみしいひとはいませんか／なんじかんでもた～だ／まいにちでもただ～です。」と嬉しそうに声高らかに歌う。

　この場面での歌詞やリズムの変化に対して，子どもは多少戸惑いも見せる。しかし，せっかく子どもが気がついた「なんじかんでもた～だ／まいにちでもただ～です。」という，本当の友達の意味を共有して終わりたい，という思いが演奏者には強くあるので，もう一度最後に全員でこの歌詞を歌って終わりにしている。そして最期に，「ミミズクじいさん」が，「なるほど，どうやら森いちばんのさびしんぼうは，ともだちをつくれたようです。」と締めくくる。

　全体を通して，キツネ役のソプラノ歌手，さまざまな動物役のテノール歌手は，そのキャラクターや状況により，多彩な声の表情や強弱で物

130　第Ⅱ部　実　践　編

語を歌い表現している。それを聞いている子どもは，物語の冒頭で示された，「ともだち＝お金」という概念を覆され，「本当のともだち」，「ともだちにお金はいらない」という大事な視点に気づく。そして，演奏者は，子どもがこの絵本を音楽と共に立体化して感受し，キツネの感じていることに共感，表現していくことを通して，ともだちという存在，大切さを感じてほしいと願いながら，この作品を表現している。

◆3 打楽器による「表現」の世界

打楽器は，その名の通り「打つ」ことにより音を出す楽器である。「打つ」という行為は，非常に素朴で人類にとっておそらく最も原始的な動作である。打つことによって奏でられた音は，そのシンプルさにおいて重要な意義を持つ。すなわち，分け隔てなく誰にとっても一番身近であり親しみやすい楽器である。

それと同時に，「打つ」という行為は，歌唱や弦楽器，管楽器，鍵盤楽器と比べたとき，ある意味では芸術と最も遠いところにある「非音楽的」な行為ともいえるだろう。打楽器の音には，「打撃音」，「ノイズ」という側面もあるからだ。この対極にある２つの存在感こそが，打楽器の魅力であり真髄であると考える。そして，その存在意義を意識しながら音を選び，奏でることが，子どもの心に色鮮やかなときめきを贈ることにつながるのではないだろうか。以上の信念を念頭に，本節では，「ともだちや」における打楽器の表現について考察する。

（1）音 選 び

打楽器は，奏法に独自のテクニックを要する場合が多く，また楽器の種類も多種多様であり，プレイヤーでなくてはわからないことが多々ある。そのため，作曲者の指示を汲みつつプレイヤーが意見を述べ，作曲者と相談しながら，楽器のセレクト，リズムパターン，ダイナミクスなどを決めていく場合が多い。

絵本オペラ「ともだちや」の場合も，打楽器パートについては，打楽

器奏者と作曲者と相談しつつ，決定していった。ここでの留意点は，打楽器の音によって，その場の状況やキャラクターが明確になること，物語の展開とフィットすること，あるいは意外性のある音で注意力を喚起することなどであり，これらの面から工夫し，数回の公演を経て決定していった。その内容について，以下具体的に説明する。

1）場面1：キツネが「ともだちはいりませんか」と歌いながら歩く場面

キツネのキャラクターから，可愛くやや硬質で高い音のイメージを持ち，ウッドブロックを選択。歩くテンポ感のリズムを奏でる。

2）場面2：「ほんとうのともだち」とは何かに気づいた場面

この物語の核心とも言える部分。軽くなりすぎず，しかし明るく心地よいイメージ。太鼓をワイヤーブラシで刷ることにより，柔らかい印象でワルツのリズムを奏でることが可能となった。

3）場面3：「トランプにまけた」場面

勝負に「負けた」ことによる残念さと間の抜けた雰囲気を出すため，カウベルを選択。あえて一発だけ鳴らすことにより，コミカルさが加わった。

4）場面4：「トランプにかった」場面

本当の友達ができ，嬉しくて浮かれている感じを出すため，パフパフ（自転車に付いているクラクション）を高らかに何度も鳴らすことに決定。

（2） 音を奏でる

絵本オペラにおいて最も大切なことは，歌手の歌う言葉がきちんと子どもに届くことである。そのため，打楽器のバランスには細心の注意が必要である。

歌の合間に奏でる音は，ややパンチのある音量や音色が向いているが，歌の伴奏になる部分は，歌が十分に聴こえる音量・音色・リズムを工夫

する。

　15分間という長さのなかで子どもたちが飽きないように，起伏をつけ色彩感を加え，子どもたちの顔を注意深く観察しながら演奏するように，毎回心がけている。

(3) 最後に

● 写真 12-2 ●　打楽器パートによるソロ演奏

　きれいな音，おもしろい音，たのしい音，こわい音，かなしい音。子どもであっても大人であっても，人は自分独自の感覚でさまざまなことを感じる。感じたさまざまな気持ちは心のなかにそっと蓄積されていく。そのカラフルな蓄積を糧に，子どもはひとりひとり自由に成長していく。

　絵本オペラや，私が活動している他の団体（打楽器デュオ「だがっきスイッチ」，パーカッション・パフォーマンス「ビートジャック」，打楽器とダンスのユニット「アニマルコンチェルト」)[2]，これらのどの活動においても，そこにいる人々すべてにその時その場でしか味わえない感情を心に抱いて欲しいと願い，取り組んでいる。

　そしてさらに重要なのは，自分自身が楽しむこと。楽しいと思う気持ちは，素晴らしく伝染するのだ。

4 ピアノによる「表現」の世界

　ピアノは「一人オーケストラ」ともたとえられるくらい，豊かな表現力を持つ楽器である。88個の鍵盤・ペダルを駆使し，誰よりも多くの音が書かれた楽譜を読み込み表現する。ともすると，膨大な作業量に余裕がなくなり，表現する楽しさを忘れてしまうこともあるかもしれない。しかし，大きなグランドピアノに初めて触れた時の子どもの目の輝きを思い出してほしい。そして，ピアノという楽器を通して，心から湧き出る感情と音とが繋がる喜びを知ってほしい。

このような思いを持って，本節では第一に楽器としての表現の可能性の観点から，第二に楽譜に書かれたことから読み解く表現の可能性の2つの視点から，ピアノによる表現の世界について述べる。

（1）楽器としての表現の可能性

1）ダンパーペダル

　ピアノには3本のペダルがある。真ん中のペダルは，グランドピアノ（ソステヌートペダル）とアップライトピアノ（マフラーペダル）では役割が違うので，ここでは詳しく触れないでおく。右のダンパーペダルを踏むと，ダンパーというピアノの弦の響きを止めている部品が弦から離れることで，響きが持続する。このダンパーペダルを踏んだまま，大屋根（ピアノのふた）を開けた状態で楽器のあちこちを叩いてみると，実に不思議な素敵な音がする。

● 動画 12-1 ●
ダンパーペダル

　通常，ピアノ演奏にはダンパーペダルは欠かせないもので常時使用するが，ただ音を保持する為だけではなく，音色をつくる役割も大きい。

　「絵本オペラ　ともだちや」の中では，無理をしてイチゴを食べてお腹を壊してしまったキツネが痛みをこらえながら歌うシーンがある。ここでは，あえてペダルで低音を濁らせることで，重苦しく響かせ不快感を表現している。

● 譜例 12-2 ●　キツネがおなかの痛みをこらえるシーンでのピアノ伴奏パート（曲：井本英子）

2）ソフトペダル

　ピアノの左側にあるソフトペダルを踏むと，その名の通り，音が柔らかく弱くなる。

「絵本オペラ　ともだちや」の中では，ウズラのお母さんに「あかちゃんがねむったばかりなの」で静かにしてほしいと言われ，小声で歌うシーンがあり，この場面でこのペダルを踏む。また，ナレーションが語りを入れる場面では，このソフトペダルを踏み，敢えて感情移入をせずに淡々と弾くことによって，オルゴールのようなBGMとしての音楽表現が期待できる。

3）グリッサンド

ダンパーペダルを踏んだまま，鍵盤上を高速に滑らせる技法で，右手の上行なら2・3・4の指の爪を使い，下行なら1の指の爪を使う。グリッサンドは大変華やかな効果が得られるため，子どもたちも喜んでやりたがる。

しかし，子どもは爪が柔らかく困難なので，洋服の袖を引っ張って爪を保護したり，小さなぬいぐるみなどを使って行うとよい。「絵本オペラ　ともだちや」の中では，オオカミとキツネがトランプで勝負する場面がある。グリッサンドは，ここでの華やかな盛り上がりに欠かせない表現として使われる。

●動画12-2●
グリッサンド

（2）楽譜に書かれたことから読み解く表現の可能性

1）強弱記号・発想記号

楽譜には，主にイタリア語で書かれたさまざまな楽語が記されている。ここでは，実際に「絵本オペラ　ともだちや」の冒頭，キツネが登場するシーンのピアノパートの譜例から表現の可能性を検討する。

●譜例12-3●　「ともだちや」冒頭でキツネが登場するシーンでのピアノ伴奏パート（曲：井本英子）

この部分は，pp（ピアニシモ・とても弱く），p（ピアノ・弱く），mp（メッゾピアノ・少し弱く）と2小節ごとに変わり，poco a poco cresc.（ポコ アポコ クレシェンド・少しずつだんだん強く）という指示がある。これは，

キツネが遠くからこちらに近づいてくる様子が表現されていると考えられる。そしてすべての音符にスタッカート（音を短く切って）が付いていること，また，leggero（レッジェーロ・軽く）と指示されていることから，キツネの足取りはとても軽く，ウキウキと期待感を持っていることが想像できる。

このように，ただ物理的な音の強弱ではなく，その背景にある心情に想いを馳せて表現することが大切である。

2）メロディ（音型）・ハーモニー

作曲家は，楽譜にさまざまな想いや表現のヒントを込めている。メロディ（音型）やハーモニーの変化を手がかりに，相応しい表現を考えることは，推理小説を読むかのような楽しみがある。

たとえば，「絵本オペラ　ともだちや」の序曲に相当する部分では，これから始まるドラマに期待が高まる様子が，和音外音（非和声音）を用いていること，2度上がった音型が2回繰り返されて揺れ動くことなどから伺える。

● 譜例12-4 ●　「ともだちや」冒頭序曲1　（曲：井本英子）

その後，左手の音型が1オクターブ下がり安定することで，いよいよ本編が始まる安堵感が生まれる。したがって，左手はペダルを用いて豊かに響かせ，空間の広がりを感じさせるよう表現を工夫している。

● 譜例12-5 ●　「ともだちや」冒頭序曲2　（曲：井本英子）

3）リズム

　リズムの変化も表現のヒントを読み解く重要な鍵となる。たとえば，「絵本オペラ　ともだちや」に４度登場するテーマの最終回では，「ほんとうのともだち」ができた喜びからスキップしながら歌うという設定であり，スキップの弾むリズムが使われている。16分音符を用いた厳しい付点のリズムではなく，３連符で書かれていることを考慮して，楽しげに，自然と足取りが軽くなってしまうような様子を表現したい。

● 譜例 12-6 ●　キツネがスキップしながら帰るシーンでのピアノ伴奏パート（曲：井本英子）

　また，楽譜には書かれていないが，右手の３拍目に下から突き上げるような，弾けるようなアクセントを付けて弾くことで，より心が弾む様子を表現できるのではないかと考えている。このように，愉しみを持って楽譜や楽器と向き合うことが，よりよい表現への一歩となるのではないだろうか。

【引用・参考文献】
1）内田麟太郎作，降矢なな絵『ともだちや』偕成社，1998年
2）だがっきスイッチ／アニマルコンチェルト：https://www.facebook.com/saeko.yasunaga.7
　ビートジャック：https://www.beatjack-perc.com/profile-1/

お薦めの参考図書

① 小松正史『賢い子が育つ耳の体操』ヤマハミュージックメディア，2017年
② 井上直幸『ピアノ奏法―音楽を表現する喜び』春秋社，1998年
③ 高田美佐子『はじめてのフォルマシオン・ミュジカル―音楽力を育てる新しいソルフェージュ』ヤマハミュージックメディア，2016年

ま と め

1 プロの演奏家による「絵本オペラ」を鑑賞することは，情感豊かな上質な音楽を身近に聴く体験をすることであり，子どもたちの心身の発達・成長の時期に豊かな情緒を育む援助となる。

2 「絵本オペラ」の場合，歌手は場面に応じた声の音色や表情で歌い，楽器はテンポや強弱のみならず，和声，伴奏リズムのスタイル，音域，使うパーカッションの種類などさまざまな作曲技法を駆使した多彩な表情によってより場面に応じた音楽に創り上げていく。

3 「絵本オペラ」子どもたちの前で演奏する際に気をつけることは，選曲，その順番とメリハリ（バランス），テンポ感の3点について工夫し，子どもが飽きないように表現することが鍵となる。

4 打楽器は，その名の通り「打つ」ことにより音を出す楽器であり，非常に素朴で人類にとっておそらく最も原始的な動作によって奏でられ，誰にとっても一番身近であり親しみやすい楽器である。

5 打楽器の音には，「打撃音」，「ノイズ」という側面があり，「打つ」という行為は，ある意味では芸術と最も遠いところにある「非音楽的」な行為かもしれない。だが，この対極にある2つの存在感こそが，打楽器の魅力であり真髄である。その存在意義を意識しながら音を選び，奏でることが，子どもの心に色鮮やかなときめきを贈ることにつながる。

6 ピアノには3本のペダル（ダンパーペダル，ソフトペダル，ソステヌートペダルまたはマフラーペダル）があり，奏法や音色，表現したい音楽によって，演奏者は使い分けている。

7 楽譜に書かれている強弱記号・発想記号，メロディ（音型）・ハーモニー，リズムを読み解くことによって，ピアノによる表現の世界が広がる。

第13章
拡張する「表現」の世界と保育・教育の現状と課題
――理論と実践をつなぐために

　本書では，これまでに子どもの保育・教育における原理・発達，身近な環境（音・色・形・他者や自然）との関わりや，自分の感覚・身体を用いた「表現」について，基礎的な理論を整理した。また，保育所・幼稚園・小学校におけるさまざまな「表現」実践事例を紹介してきた。

　そこで，本章では，保育・教育における現状と課題を整理した上で，改めて子どもの「表現」について総括し，拡張し続ける「表現」世界の可能性について考えてみたい。

1 家庭・地域の子育て支援における現状と課題

（1）法令上の規定による子ども観

　教育基本法第5条では，「国民は，その保護する子に，別に法律で定めるところにより，普通教育を受けさせる義務を負う。」とし，親または養育者（以下保護者）が自分の子どもに教育を受けさせる義務があることを明記している。同時に，「義務教育として行われる普通教育は，各個人の有する能力を伸ばしつつ社会において自立的に生きる基礎を培い，また，国家及び社会の形成者として必要とされる基本的な資質を養う」目的であり，ひとが社会的に生きていくためには，教育が必要であることを明確に示している。また，同法**第10条**によると，保護者は，「子の教育について第一義的責任を有するもの」と位置づけられており，子どもに対して「生活のために必要な習慣を身に付けさせるとともに，自立心を育成し，心身の調和のとれた発達を図るよう努める」ように養育する責任があることが明記されている。さらに同法**第11条**では，「幼

> 教育基本法第5条
>
> 第10条
>
> 第11条

児期の教育は，生涯にわたる人格形成の基礎を培う」重要な発達段階と位置づけられているため，子育て支援の観点から，「幼児の健やかな成長に資する良好な環境」の整備および振興が，国および地方公共団体の努力義務であることが示されている。

　これらの法令をふまえるならば，子どもを慈しみ大切に育むこと，子どもの安全・安心な暮らしを保障することは，すべての大人および社会の責任であるといえる。そして，これを実現するためには，子育て中の保護者を，社会全体で恒久的に支援するシステムや環境整備が必要となる。

（2）　家庭環境と児童虐待

　保護者や地域の大人一人ひとりは，日々の生活の中で，さまざまな子どもの「表現」を受け止め，向き合い，関わろうとする。だが，家庭においては，大人側の都合や余裕のなさ，家庭環境要因などから，子どもの想いを十分に受けとめ即時に対応することが難しい場合や，子どもが何を訴え，「表現」しようとしているのか，うまく理解できない場合もある。

　たとえば，子どもが公園や道端で虫や落ち葉などを見つけ，それを拾ってきて大人に見せようとしたとする。大人は，その場の状況によっては，「今，忙しいからあとでね。」といった，その場しのぎの対応や，否定的な応答をせざるを得ないかもしれない。だが，子どもには，自分の「表現」や想いが，大人に受け入れられなかったことに対する戸惑いや不満，あきらめといった感情が生じやすくなる。このような認識のずれが，親子関係の歪みや児童虐待の要因にもなり得る。

　「児童虐待の防止等に関する法律」[1]第2条では，「保護者（親権を行う者，未成年後見人その他の者で，児童を現に監護するものをいう。以下同じ。）がその監護する児童（18歳に満たない者をいう。以下同じ。）について行う次に掲げる行為」として，身体的虐待，性的虐待，放置，暴言・家庭内暴力による心理的虐待の4点を示している。子どもの自由気ままなふるまいや言動，危険な行為に対して，保護者は，「躾」として言葉で注意し，言い聞かせようとしたり，叱責したりする。それが，徐々にエ

児童虐待の防止等に関する法律

躾

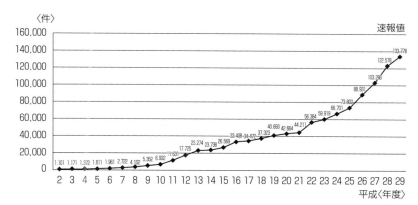

● 図 13-1 ● 児童相談所における児童虐待相談対応件数
出典：厚生労働省「子ども虐待による死亡事例等の検証結果等について（第 14 次報告）平成 29 年度の児童相談所での児童虐待相談対応件数及び平成 29 年度『居住実態が把握できない児童』に関する調査結果」

スカレートし，感情・行動がうまくコントロールできない場合，保護者側の認識では「躾」であるものが，第三者的には児童虐待に近い行為とみなされてしまう。それは，近年の**児童相談所**における児童虐待相談対応件数の上昇からも明らかなことである（図 13-1）[2]。

　家庭は，子どもが生まれ育ち，社会と関わるための基盤を学ぶための最小単位集団である。和やかな親子関係や家庭環境によって，子どもの愛着形成や基本的信頼感が育まれる（第 2 章参照）。だが，少子高齢化の進展にともなう家族関係・家庭環境の多様化と，大人側の繁忙さや都合が優先されるようになると，それを前提とした家庭における教育方針やルールが示される。

　これらは，子どもの生理的サイクルと，必ずしも一致するとは限らない。子どもの生活や言動は保護者による家庭内ルールによって制限され，自由気ままに「表現」することも制約される。また，「○○をしてはいけない」，「ちゃんと○○しなければいけない」といった「躾」にしたがって，自らの気持ちや言動を抑圧したり，我慢したり，調整したりする。それは，保護者から褒められるような「よい子」になろうという，子どもなりの努力なのかもしれない。このような状態が慢性化すると，子どもは，自分の欲求や自由な発想による「表現」ができなくなる一方で，過度な**ストレス**や**フラストレーション**状態に陥りやすくなる。このような「表現」の抑圧が，チックなどの神経症的身体反応として現れる場合

児童相談所

ストレス
フラストレーション

第 13 章　拡張する「表現」の世界と保育・教育の現状と課題　141

や，いわゆる**非認知能力**の発達そのものにも影響を与える可能性がある。

　　非認知能力

（3） ICT 化による家庭・育児環境の変化

　保護者の子育てに対する不安や負担，リスク軽減を目的とした家庭・子育て支援は，地方自治体や民間 NPO 団体などによるさまざまな実践活動として行われている。また，子育てに関する情報は，メディア媒体を通して多数発信されている。その中でも，スマートフォン（以下スマホ）や SNS の普及にともない，育児環境が急激に変化している。たとえば，乳児を抱っこしながらその片手では常にスマホの操作している保護者の姿，乳幼児がスマホをいじり遊ぶ光景も，最近では珍しいものではなくなりつつある。このような「**スマホ育児**」に対して，米国小児科学会のガイドラインでは，2 歳未満の子どもの認知，言語，運動，社会的・感情的発達のためには，「親や養育・介護者との実感をともなう実体験」の必要性を指摘し，1 歳半未満の子どものデジタルメディアの使用は避けるべきであると指摘している[3]。

　　スマホ育児

　スマホと子どもの発達の関係性について，まだ十分に明らかにはされているとはいえない。スマホをはじめとした情報ツールや ICT の普及によって，家庭および保育・教育環境は急速に変わりつつある。このような状況も踏まえて，今後の子育て支援のあり方の長短についても考える必要があるだろう。

2 幼稚園・保育所・幼保連携型認定こども園における現状と課題

（1） 平成 29 年 3 月幼稚園教育要領等の改訂

　平成 29 年 3 月幼稚園教育要領等の改訂にともない，「**幼稚園教育において育みたい資質・能力及び幼児期の終わりまでに育ってほしい 10 の姿**（以下「10 の姿」）」が示された（第 1 章参照）。この改訂にともない，保育と教育の垣根はさらに低くなり，幼・保・小における発達の連続性と，

　　幼稚園教育において育みたい資質・能力及び幼児期の終わりまでに育ってほしい 10 の姿

教育課程の連続性を視野に入れた学習方略指導の両面において，教育・保育を行うことが，保育士・教員には求められる。

　ここで懸念されることは，今回の改訂をふまえた保育・教育現場における過剰な対応である。とくに乳幼児期は，他の世代以上に心身の発達に個人差がありその幅は広い（第2章参照）。

　子どもの様子は，日々刻々と変化している。そのような子ども一人ひとりの発達と丁寧に向き合いながら，保育士・教員には，生身の子どもと日々関わり，参与的に観察しながら記録を蓄積し，それらをふまえて親や養育者と密に情報を共有しながら保育・教育にあたっている。「10の姿」は，保育・教育の**到達目標**を示すものではなく，あくまでも発達の**方向目標**として理解する必要があり，個々の子どもの個人内差をふまえた縦断的観察による評価上の工夫が求められる。

到達目標

方向目標

（2）　特別な保育・教育的ニーズを持つ子どもと保護者・家庭支援

　特別支援教育は，学校教育法の改正をふまえて，平成19（2007）年4月からすべての学校園から制度化され，各学校園では，**インクルーシブ**な観点からさまざまな実践を行っている。また，療育などを必要とする子どもとその保護者・家庭に対する支援のあり方について，省庁横断型の施策として，平成29（2017）年12月より文部科学省と厚生労働省による『**家庭と教育と福祉の連携「トライアングル」プロジェクト**』報告などが示されている[4]。このような状況において，改めて障がいとは何かを確認してみたい。

特別支援教育

インクルーシブ

家庭と教育と福祉の連携「トライアングル」プロジェクト

　世界保健機構（WHO）は，国際障害分類（ICIDH; International Classification of Impairments, Disabilities, and Handicaps, 1980）において，障がいのレベルを，①機能障害（impairment），②能力障害（disability），③社会的不利（handicap）の3つに分類し，すべての障がいの概念を包括的に示した。この改訂版が，国際生活機能分類（ICF; International Classification of Functioning, Disabilities, and Health, 2001）である。この改訂によって，障がいの3つのレベルに関する用語表現は，現象機能（ネガティブ特性）そのものを主観点としたものから，よりひとりのひとが社会で生きていくための生活機能（実態特性）を重視するものへと変

● 表13-1 ● 　国際障害分類（ICIDH）と国際生活機能分類（ICF）
における用語比較

国際障害分類（ICIDH）	国際生活機能分類（ICF）
機能・形態障害（Impairment）	心身機能・身体構造 (Body Functions and Structure)
能力障害（Disability）	活動（Activity）
社会的不利（Handicap）	参加（Participation）

化した（表13-1）。

　このような用語の転換によって，障がいに対する概念や認識も，ノーマライゼーション（normalization）からインテグレーション（integration；統合），さらにインクルージョン（inclusion；包括・包含）へと変化した。

　障がいを持つ子ども，特別な保育・教育的ニーズを持つ子どもとは，その特性要因ゆえに，何らかの身体・能力・社会性の発達におけるアンバランスを持つ子どもである。彼ら彼女らは，その特性要因によって，社会的な生きにくさや困難を抱えつつも，ひとりのひととして家庭・地域・学校園などで暮らしている。

　一方，その特性要因によって突出した才能による「表現」の世界を持ち，社会的に自立し，自己実現を図ろうとしているケースも少なからずある。このようなケースは，子ども本人だけではなく，子どもの持つ特性や能力・可能性を見極め，それを引き出し，さらに伸ばそうとする保護者の想いや努力，保護者を含めた家庭を支援しようという地域や学校園からの理解や働きかけや，介入的な療育・教育的支援や環境整備があったのかもしれない。特別支援教育の対象は子どもだけではなく，保護者・家庭を包括的に支援することである。そのためには，学校園だけで対応するのではなく，地域で活躍する医師，保健師，療育・福祉，学校園などが，それぞれの専門性を活かしながら連携・協力し，協同する必要があるだろう。そして，これまで以上に子どもの「表現」の世界を尊重しつつ，適切な療育・教育方針を示すものとして，よりきめ細やかな**個別の指導計画**および**個別の教育支援計画**の充実が求められる。これらの様式については，各自治体教育委員会，医療・福祉関係機関において任意に定められている場合が多いが，表13-2，13-3，13-4にサンプルを示す。

個別の指導計画
個別の教育支援計画

144 第Ⅱ部 実 践 編

❸ 拡張し続ける「表現」の世界

　子どもが生まれ，日々大切に育まれ生活する場は家庭であり，地域であり，学校園である。そして，それぞれのフィールドでは，保護者をはじめ地域住民，学校園教職員，保健・医療・教育・福祉行政関係職員および民間の子育て支援団体や音楽・美術専門家が，一人ひとりの子どもの「表現」と向き合い，関わりながら，多種多様な保育・教育活動を展開している。

　ルイス (2000)[5] によると，生後間もない乳児であっても，「充足・興味・苦痛」といった原始的感情は備わっているという。そして，「充足→喜び」，「苦痛→悲しみ・嫌悪」へ，4〜6カ月頃には「嫌悪→怒り・恐れ」，「喜び→驚き」へと分化し，9カ月頃には基本的情動が成立するという。また，情動の分化にともなって，乳児は自分の欲求を伝えるための言葉の準備となる発声・発語がさかんになり，おおむね1歳頃には初語がみられ，ひとりで立ち歩きができるようになると，自分の興味・関心を示す「もの（対象）」に対する「照れ・憧れ・共感」の感情が芽生える。さらに，おおむね3歳頃には，「恥・自尊心・罪悪感」など，社会的情動が形成される。このような情動の発達をふまえ，子どもの「表現」の世界は，それぞれのフィールドにおいて拡張し続ける性質を持つ一方で，社会的な制約も受けざるを得ないだろう。保育・教育活動において留意するべきことは，子どもが本来持つ「善さ」（第1章参照）や，発達の個人差（第2章参照）に応じた，保育・教育目標および計画の策定と，その評価方法（第6章参照）である。

ルイス

【引用・参考文献】

1）児童虐待の防止等に関する法律（平成12年法律第82号）平成29年6月21日公布（平成29年法律第69号）改正
http://elaws.e-gov.go.jp/search/elawsSearch/elaws_search/lsg0500/detail?lawId=412AC1000000082（2018年11月10日閲覧）

2）厚生労働省「子ども虐待による死亡事例等の検証結果等について（第14次報告）平成29年度の児童相談所での児童虐待相談対応件数及び平成29年度「居住実態が把握できない児童」に関する調査結果」
https://www.mhlw.go.jp/stf/houdou/0000173365_00001.html（2018年11月10日閲覧）

3）米国小児科学会ガイドライン
　https://www.aap.org/en-us/about-the-aap/aap-press-room/pages/American-Academy-of-Pediatrics-Announces-New-Recommendations-for-Childrens-Media-Use.aspx（2018 年 11 月 10 日閲覧）
4）文部科学省／厚生労働省「家庭と教育と福祉の連携「トライアングル」プロジェクト～障害のある子と家族をもっと元気に～」
　http://www.mext.go.jp/a_menu/shotou/tokubetu/material/1404500.htm
　https://www.mhlw.go.jp/stf/seisakunitsuite/bunya/0000191192.html（2018 年 11 月 10 日閲覧）
5）Lewis, M. 2000 The Emergence of Human Emotions. In M. Lewis & J. M. HavilandJones（Eds.）, *Handbook of Emotions. Second edition.* New York: The Guilford Press., 265-280.

お薦めの参考図書

① 無藤隆編著『幼児期の終わりまでに育ってほしい 10 の姿』東洋館出版社，2018 年
② 日本弁護士連合会子どもの権利委員会編『子どもの虐待防止・法的実務マニュアル（第 6 版）』明石書店，2017 年
③ 諸富祥彦『「プチ虐待」の心理—まじめな親ほどハマる日常の落とし穴』青春出版社，2016 年
④ 竹内和雄『スマホやネットが苦手でも指導で迷わない！—スマホ時代に対応する生徒指導・教育相談』ほんの森出版，2014 年
⑤ 遠藤利彦・石井佑可子・佐久間路子編著『やわらかアカデミズム・（わかる）シリーズ　よくわかる情動発達』ミネルヴァ書房，2014 年

● 表13-2 ● 　個別の教育支援計画（医療・保健・療育福祉向け）サンプル（著者作成）

氏名			性　別		生年月日		
住所			電話番号				
関係施設							
主障害			併せ有する障害				
診断名							
療育手帳		（　.　.　　交付）	身体障害者手帳				（　.　.　　交付）
精神障害者保健福祉手帳							（　.　.　　交付）
保護者氏名			緊急連絡先	.			
住所				.			

	家族構成図	氏名	生年月日・学年	続柄
家族構成				

	時期	項目	備考
出産前後の状況	胎生期		
	出生期		
	乳幼児期		

	療育機関名	期間	療育内容
療育の状況			

	学校園名	期間	備考
前籍校園の状況			

医療に関わる特記事項

生育歴に関わる特記事項

● 表 13-3 ●　個別の教育支援計画（特別支援学校園）サンプル（著者作成）

氏名等	
担任・記入者	

1　これまでの支援内容および支援上の課題

2　現在の生活・将来の生活に関する希望

(1)本人の希望	
(2)保護者の希望	

3　本人・保護者の希望を基に考えられる支援計画

(1)現在の生活の充実のための目標	
(2)卒業後の生活をめざした目標	

4　具体的な支援

(1)家庭生活	(2)余暇・地域生活	(3)医療・健康	(4)教育相談・進路指導

5　学習支援の中心的な内容

(1)学習場面	(2)具体的な課題	(3)手立て・配慮事項

6　評価および今後の課題

● 表 13-4 ●　就学・就労サポートシートサンプル（著者作成）

氏名等	
担任・記入者	

1　これまでの取り組み

(1)所属学校園・機関名	
(2)家庭生活	
(3)余暇・地域生活	
(4)健康・安全・相談	

2　これまでの取り組みの評価

3　これからの計画

(1)所属学校園・機関	
(3)家庭生活	
(4)余暇・地域生活・卒業後の生活	
(5)健康・安全・相談	

まとめ

1 子どもを慈しみ大切に育むこと，子どもの安全・安心な暮らしを保障することは，すべての大人および社会の責任であるといえる。そして，これを実現するためには，子育て中の保護者を，社会全体で恒久的に支援するシステムや環境整備が必要となる。

2 「児童虐待の防止等に関する法律」では，児童虐待とは，保護者による身体的虐待，性的虐待，放置，暴言・家庭内暴力による心理的虐待の4点の行為を示している。

3 スマートフォンやSNSの普及にともなう「スマホ育児」に対して，米国小児科学会のガイドラインでは，2歳未満の子どもの認知，言語，運動，社会的・感情的発達のためには，「親や養育・介護者との実感をともなう実体験」の必要性を指摘し，1歳半未満の子どものデジタルメディアの使用は避けるべきであると指摘している。

4 平成29年改訂幼稚園教育要領において示された「幼稚園教育において育みたい資質・能力及び幼児期の終わりまでに育ってほしい10の姿」は，保育における方向目標であり，到達水準目標ではないことに留意しなければならない。

5 文部科学省と厚生労働省による『家庭と教育と福祉の連携「トライアングル」プロジェクト』報告では，療育・特別支援などを必要とする子どもとその保護者・家庭に対する支援のあり方について示されている。

6 子どもの「表現」は，子どもの欲求や願望，情動，能力の表出であるとともに，他者に対して自分の感情や意志を伝えようとする，能動的な行為である。

7 子どもの「表現」方法には，文字や言語，色や形，描画，音や音楽，身体があり，それらひとつひとつが文化的価値であり，次世代への文化的伝承となる可能性を秘めている。

お わ り に

心地よい「音楽表現」の世界を育むために

畑　儀　文（元武庫川女子大学・声楽家）

「なぜ，子どもが楽しめる，質の高い音楽の場が少ないのか。」，「どうすれば，大人も子どもも，日常生活の中で自然に心地よさを感じることができる，音楽の場づくりができるのだろうか。」

これは，声楽家である筆者が常に感じている，クラシック音楽の現状批判（Critical Thinking）による素朴な問いである。そして，このような問いから生まれたのが，筆者が音楽監督を務める「丹波の森国際音楽祭シューベルティアーデたんば[1]」や，本書第12章で紹介した絵本オペラカンパニー "おぺろん" による絵本オペラである。

"おぺろん" の公演はまもなく150回目を迎える。演奏の場は，幼稚園など子どもの生活空間であり，園児とその家族，保育者などが聴衆となる。子どもは，目の前で繰り広げられるリアルな「音楽と物語の表現」を食い入るように見つめ，大声で笑い，歌い，プレイヤーの動きに同期したり模倣したりしながら物語の世界を理解し，次第に引き込まれていく。

一方，プレイヤーは，演奏中にも子どもをはじめとした聴衆の反応をふまえた即時性の高いアレンジを行い，絵本オペラの世界を伝え共有しようとしている。このような相互のやり取りによって，ただ楽しい，面白いだけではなく，心地よさと共感性をともなった，「主体的・対話的で深い学び」が広がっているようにも，プレイヤーのひとりとして感じている。

日常生活の中には，「きれいなもの」がたくさんある。そして，ひとは「きれいなもの」を見たり，聞いたり，触れたりしたときに，「ああ〜，きれいだなぁ。」と感じる感性も，生まれながらに持ち備えているに違いない。では，そのような感性をどのように保ち，「表現」として育むことができるのだろうか。

筆者には，声楽家としての自らの演奏活動や，若き演奏家の育成・合唱指導といった役割がある。これらと並行して，次世代を担う子どもや地域を対象とした「美しい音や音楽」の場づくりも，筆者のライフワークのひとつである。この両面をふまえた地道な活動を継続することによって，音楽教育の現状における課題や，それを取り巻く環境そのものを改善し，「音楽のちから」による社会・地域コミュニティづくりにもつながることを期待したい。

園長先生のつぶやき

秋 山 直 義（山本南保育園）

　本園では，過去に数回絵本オペラ公演を行っている。聴き手は0歳から就学前までの園児約100名とその家族，園職員に加え，地域の方々であり，開演前はおのおのが正面にある譜面台や打楽器を見たり，おしゃべりを楽しんだりしている。そこに，"おぺろん"の4名のプレイヤーの方々が歌いながら入場し，園児にも手拍子と歌をうたうよう促す。園児からは，「よっちゃんや！」（リーダーの畑儀文氏）という，親しみがこもったかけ声もあちらこちらから飛びだしてくる。

　このようなやりとりの後，園児が好きな歌（となりのトトロ，お風呂の歌，季節の童謡など）や，リズムパフォーマンス演奏といった導入活動が展開する。その間，0歳から1歳児であっても，じっと注視するだけでなく，微笑んだり，発声によって何かを伝えようとしたりする。また，体を揺らしたり，音に合わせて手足を動かしたり，立ち上がって身体全体を動かしたりしている。3歳から5歳児は，一緒に歌をうたったり，感じたことを言葉で発したりする。時には静まり返り，時には爆笑し，隣にいる友達と思いを共有しようとする姿も見られる。

　そして，拡大版絵本が登場して絵本オペラの世界が始まると，それまでの喧騒から一変して静まり返り，物語の世界に吸い込まれていく。物語の中では，あらかじめ導入活動で教わったメインテーマのメロディーが繰り返し流れる。すると，子どもは自然と歌を口ずさんでいる。音楽の音量やテンポ，リズムやフレーズは，物語の場面に応じて常に変化している。園児は，クライマックス場面を固唾を飲んで注視したり，少し怖い場面では時には手で目を覆い隠そうとしたりしている。その緊迫感が，そのまま大人にも伝わってくる。物語も終わりに近づくと，ほっとした身体が自然と緩み，少しざわつき始めることもあるが，最後にメインテーマのメロディーを一緒にうたって終演，約1時間の上演が瞬く間に終わってしまう。

　筆者はこれまで10回近く"おぺろん"の公演を鑑賞しているが，何回見ても，本格的な大人向けオペラと比べてもなんら遜色のない，本物の芸術性の香りを感じ，そのたびに鳥肌が立つほど感動する。その魅力をひとことで表すならば，とても「心地よさを感じ」ること，そして，「心が熱くなる」ということだ。たとえば公演中，乳児は気持ちよさそうに体を揺らしたり，ほほを緩め豊かな表情をみせたりしている。また，園児は見たまま感じたままのことをそのまま言葉にする一方で，物語の展開に合わせて，前述したように，自然に反応している。

　このような音や音楽と一体化した「心地よさ」を創るために必要なものは，音や音楽作品の

持つ力，曲目構成や視覚的な要素であろう。また，美しく伸びやかな音色と響き，ダイナミズムのあるアンサンブル，リズム感，テンポ感をともなったリアルな場面展開とその臨場感が最大の魅力となる。プロの音楽家による質の高い演奏を聴きつつ，物語の世界とシンクロした方向性があるからこそ，自然な音楽の「心地よさ」が生まれるのではないだろうか。もちろん，4名のプレイヤーそれぞれの感受性と敏感性，子どもとのやりとりに対する応答性には非常に優れたものがある。これは，保育の専門領域でもあり，保育に携わるすべてのものが学ばなければならない資質・能力でもある。

　子どもの興味・関心を引きつけ，気持ちを引き込む力は，表現者側の一方的な発信ではなく，双方のやり取りにより，より増幅していくことを教えてくれるところにも“おぺろん”の質の高さがうかがえる。「表現」を指導するということは，表現者側からの一方的な発信や押しつけ，教え込みではない。子どもの想いや状況を受け止め，それを取り入れながら創造するといった柔軟性，双方の応答的なやり取りの中で構築されるものである。保育者や大人には，常に子どもをよく観察し，共同作業として「表現の世界」が成り立つといった視点も，心に留めておくべきだと考える。

【参考文献】
　1）丹波の森国際音楽祭シューベルティアーデたんば　http://www.tanba-mori.or.jp/shubertiade/

● 重 要 語 句 集 ●

■ ア 行

愛着	5
アイデンティティの獲得	25
アクティブ・ラーニング	114
アタッチメント	5
あらゆる機会	111
安心感	118
安心して自己表出	84
アンテナ	101
怒りに満ちた声	129
一次的ことば	24
伊藤若冲	55
イメージの宝庫	126
イメージを共有	88
イメージをひとつにまとめて表現	97
意欲的な表現を引き出す	83
インクルーシブ	143
ヴィゴツキー	49
ウェブ図	45
動きの洗練化	14
動きの多様化	14
歌	98
エネルギー	77
絵本オペラ	124
絵本と音楽を融合	124
音感受	39
音感受教育	40
音標識	31
オノマトペ	75
覚えやすい歌	125
音育	30
音学	31
音響共同体	32
音響生態学	31
音信号	31
音創	32

■ カ 行

替え歌	99
可視化	71
歌詞の情景	127
歌手の表現の変化	128
楽器の音色	43
学校教育法第 1 条	5
家庭と教育と福祉の連携「トライアングル」	
プロジェクト	143
体の諸感覚を通じて	39
感覚運動期（0-2 歳頃）	16
環境＝教材	42
環境構成	45, 64
環境と対話	40
環境を通して行う教育	42
感受性	117
鑑賞	51
――と表現の一体化	54
感性	113
――と表現	41
――のコミュニケーション	41
感性的な出会い	41
感動する心	102
擬音語	44
擬態語	44
基調音	31
機転	100
喜怒哀楽	50
気になる子ども	65
技能，態度，思考・判断	72
気持ちを共有	125
"キャッチボール" のような「伝え合い」	106
教育活動のすべて	104
教育基本法第 5 条	139
教育基本法第 11 条	139
教育基本法第 10 条	139
共感	44, 125
教材研究	88
共同注意	20

興味の広がりを目指す	86	三項関係	19
共有したい気持ち	93	ジェネラル・ムーブメント	14
共有したストーリー	94	シェマ	16
均衡化	16	視覚的リアリズム	23
		自己研鑽	97
偶然	99	自己肯定感	114, 118
具現化	74	自己制御機能（自己主張・自己抑制）の発達	57
具体的操作期（7〜11歳頃）	23	自己中心性	18
工夫	96	自己評価	65
		自己表現	113
経験させる保育	62	自主性を育てる保育	62
系列化	23	自然環境	63
原始反射	13	自然に状況を判断	128
		自然の音	42
行為・試行性	53	躾	140
好奇心	119	失敗体験	66
校種間で連携	110	児童虐待の防止等に関する法律	140
声の響き	127	児童相談所	141
五感	115, 120	指導評価	65
――を刺激する直接的な体験は子どもの感情を		児童福祉施設	7
揺さぶり，豊かなインプットを増やす	83	自発的な興味	116
心	92	自分の動きがつくり出す音	43
――の中の音	44	自分の行動	102
――の理論	25	自分の表現	97
個性的で豊かな表現	121	自分らしい表現	65
こだわり	114	社会性	53
ごっこ遊び	85	写実主義	49
子どもの運動力の低下	22	充実感	88, 91
子どもの生活や遊び	39	主体的	120
子ども自らが考える	52	小1プロブレム	48
子ども理解	46	J・ロック	4
個別の教育支援計画	144	身体感覚	29
個別の指導計画	144	人的影響	102
コミュニケーションツール	113		
		随意運動	14
■ サ 行		図画工作科	50
材料・場所	52	スキャット	129
サウンドエデュケーション	30	スクリブル	48
サウンドスケーピング	29	素敵な響く声	128
サウンドスケープ	29	ストレス	141
作品展	77	スマホ育児	142
ささいな行動	96		
さりげない	101		

成功体験 66, 72
生理的早産 4
前操作期（2-7歳頃） 16

造形 113
造形遊び 51
造形活動 64
総合的な表現遊び 85
相互刺激によって新たな表現の広がり 88
操作 16
創造の世界 114
想像や空想の世界 94
想像力 49
粗大運動 14
その子なりの表現方法 84
素朴な表現 39

■ 夕 行

体験 111
対話型鑑賞 54
たくさんの感触 83
達成感 71
脱中心化 23
他人の行動 102
多様な表現 81
短期指導計画 62
探究心 117

知識注入主義 4
知的リアリズム 23
聴覚的フレーム 33
長期指導計画 62
調節 16
チンパンジー 48

伝え合い 105, 110
「伝え合い」のルール 106
「伝えたい」気持ち 83

提案 118
ディープ・リスニング 30
適切な準備 100
手早い作業 100

出前保育 55
展開 101

同化 16
到達目標 143
道徳教育と同じく，日常のすべてのこと 110
ドキュメンテーション 61
特別支援教育 143

■ ナ 行

内面性 75
内面的な能力 71
仲間意識 72

二次的ことば 24
二重唱 130
日常生活全体 110

■ ハ 行

ハコの音デザイン 32
発達 114, 120
発表会 77
場面に応じた音楽 125

非言語における「表現」 111
微細運動 14
一人ひとり異なっている 94
一人ひとりの違いをそれぞれの良さとして認め 84
非認知的能力 77
非認知能力 142
響きの多様さ 43
評価 64
表現者 115
表現することの楽しさ，おもしろさ 87
「表現」する力 104
　　——を養っていく機会 110
表現の幅 95
表現の幅を広げる 120
表現の芽 91
表現を共有 40
表情豊かな声 43
美を感じる心 102

不協和音	129	模倣	49

物的環境	102

■ ヤ 行

フラストレーション	141	野外遊び	63

プラスの音デザイン	32

プロセス	65	豊かな感情体験＝豊かなインプット	81

豊かな感情体験をすることは，子どもの感性を

変拍子	129	育む土台となる	82

		豊かな表現	127

保育室をデザイン	64	幼児期運動指針	15

保育者との安定した関係を基盤に子どもは

さまざまな体験を積んでゆく	82	幼児期の終わりまでに育ってほしい姿	25, 59

幼稚園教育において育みたい資質・能力及び

保育所保育指針	59	幼児期の終わりまでに育ってほしい 10 の姿	142

保育の質	81	幼稚園教育において育みたい資質・能力及び

保育の長時間化と低年齢化	81	「幼児期の終わりまでに育ってほしい姿」	7

方向目標	143	幼稚園教育要領	6, 59

保幼小連携・接続	73	善さ	3

ポルトマン（Portmann）	4	喜び	88

■ マ 行

■ ラ 行

マイナスの音デザイン	32	理由を考える	96

見過ごさない	100	ルイス	145

認められたりすること	111	ルソー	4

未来につながる力	66	

		レッジョ・エミリアアプローチ	61

無限の可能性	119	連携教育	48

明確な表現ができない時	92

名画の美術鑑賞	54

目に見える形での表現	96

● 執筆者一覧 ●

【編著者】

石上　浩美　　（京都精華大学）

【執筆者】（執筆順）

石上　浩美	（編著者）	第 1 章，第 13 章
藤崎亜由子	（兵庫教育大学大学院）	第 2 章
小松　正史	（京都精華大学）	第 3 章
吉永　早苗	（東京家政学院大学）	第 4 章
池永　真義	（大谷大学）	第 5 章
手良村昭子	（大阪総合保育大学）	第 6 章
吉井　英博	（大阪千代田短期大学）	第 7 章 1 節・2 節
矢野　　正	（奈良学園大学）	第 7 章 3 節
澤田　真弓	（兵庫大学）	第 8 章
渕田　陽子	（帝塚山大学）	第 9 章
宮前　桂子	（元吹田市立千里第一小学校）	第 10 章
長尾　牧子	（りんでん幼稚園・造形教室「造形クラブ」）	第 11 章
井本　英子	（神戸教育短期大学）	第 12 章 1 節
田邉　織恵	（京都教育大学）	第 12 章 2 節
安永早絵子	（大阪音楽大学）	第 12 章 3 節
城村奈都子	（武庫川女子大学）	第 12 章 4 節
畑　　儀文	（元武庫川女子大学・声楽家）	おわりに
秋山　直義	（山本南保育園）	おわりに

●編著者紹介●

石上　浩美（いしがみ・ひろみ）

　大阪府生まれ。大阪教育大学大学院教育学研究科修了（教育学），奈良女子大学大学院人間文化研究科博士後期課程単位修得退学。大手前大学総合文化学部准教授を経て，現在は京都精華大学非常勤講師。専門は教育心理学，音楽心理学，教師教育学。協同学習および活動理論の立場から，集団体験活動を対象とした調査・研究を行っている。また，教職キャリア形成支援のための養成・採用・研修モデルの構築に関する調査・研究や，「音育」活動を媒介としたメタ認知の発達支援研究，合唱における響きと聴こえに関する研究にも，積極的・意欲的に取り組んでいる。

　〈主著〉『教育原理―保育・教育の現場をよりよくするために』（編著，嵯峨野書院），『教育心理学―保育・学校現場をよりよくするために』（共編著，嵯峨野書院），『キャリア・プランニング―大学生の基礎的な学びのために』（共編著，ナカニシヤ出版），『保育と言葉』（共編著，嵯峨野書院），『保育実践にいかす障がい児の理解と支援　改訂版』（共著，嵯峨野書院），「稲作体験活動への参加による学び」（共著，『こども環境学研究』18 号，萌文社），「中学校「道徳」はどのように教えることができるのか」（単著，『大手前大学論集』15 号），「教員の職務認識と教職キャリア形成に関する研究」（単著，『京都精華大学紀要』45 号），「子どものメタ認知発達を促す保育士の働きかけ―「音づくりの時間」事例調査から」（単著，『京都精華大学紀要』第 52 号）

新・保育と表現――理論と実践をつなぐために　　　　　　　《検印省略》

2019年 5 月10日　　第 1 版第 1 刷発行

編 著 者　石　上　浩　美

発 行 者　前　田　　　茂

発 行 所　**嵯 峨 野 書 院**

〒615-8045　京都市西京区牛ヶ瀬南ノ口町 39　電話(075)391-7686　振替 01020-8-40694

©Hiromi Ishigami, 2019　　　　　　　　　　　　　　　　創栄図書印刷

ISBN978-4-7823-0585-0

JCOPY 〈出版者著作権管理機構　委託出版物〉
本書の無断複製は著作権法上での例外を除き禁じられています。複製される場合は，そのつど事前に，出版者著作権管理機構（電話03-5244-5088，FAX 03-5244-5089, e-mail:info@jcopy.or.jp）の許諾を得てください。

◎本書のコピー，スキャン，デジタル化等の無断複製は著作権法上での例外を除き禁じられています。本書を代行業者等の第三者に依頼してスキャンやデジタル化することは，たとえ個人や家庭内の利用でも著作権法違反です。

保育と人間関係

矢野　正・柏　まり 編著

人との関わりが希薄化する現代，子どもの育ち
をとりまく問題を取り上げ，子どもを伸びやか
に育てるための人間関係を考える。実践事例も
数多く掲載。

B5・並製・142 頁・定価（本体 2150 円＋税）

保育と言葉 ［第 2 版］

石上浩美・矢野　正 編著

子どもの社会性やコミュニケーション能力の
基盤は，言葉である。言葉の発達過程をわかり
やすく解説し，保育・教育現場での活動や言葉
の支援など実践事例も多数紹介。

B5・並製・122 頁・定価（本体 2100 円＋税）

新・保育と健康

三村寛一・安部惠子 編著

子どもたちの発育・発達の理解を深め，健康な
心と身体を育むための幼児教育を考える。幼稚
園などでの実践例も数多く盛り込み，保育者を
目指す学生はもちろん，子どもたちの健やかな
成長を願うすべての人への一冊。平成 29 年告
示の新教育要領等にも対応させた新版。

B5・並製・144 頁・定価（本体 2200 円＋税）

教育原理
―保育・教育の現場をよりよくするために―

石上浩美 編著

教育現場の実情や教育思想，歴史をふまえ，現
代の保育・学校現場において実践に活用でき
る知識を整理する。これから保育士・教員を目
指す学生のみならず，現場にかかわる人々に
「教育とは何か？」を問いなおす。

B5・並製・144 頁・定価（本体 2200 円＋税）

教育心理学
―保育・学校現場をよりよくするために―

石上浩美・矢野　正 編著

よりよい「現場」づくりのための理論的背景と
して「教育心理学」の知見をはめ込むことを試
みた。さまざまな「現場」で子どもと関わって
いる多くの方の問題解決のヒントとなる 1 冊。

B5・並製・148 頁・定価（本体 2150 円＋税）

保育実践にいかす
障がい児の理解と支援
［改訂版］

小川圭子・矢野　正 編著

子どもの育ちに添った長い見通しのなかで，障
がいのある子どもをどのように支えるか。障が
いの理解を深めながら，援助の方法，環境構成
を考える。

B5・並製・160 頁・定価（本体 2150 円＋税）

嵯 峨 野 書 院